MUIR WOODS SPIRITS

Ivan MAGRIN-CHAGNOLLEAU

ALOHA EDITION

© Aloha Edition 2017

Tresser la lumière

Surgis depuis des millénaires, les séquoias géants continuent à se développer dans un endroit précis des États-Unis, suscitant la crainte, l'admiration et, pour certains, une révérence sacrée. L'arbre immense impose sa présence collective, son élancé tranquille, sa couleur de sang bruni. En 1847, un botaniste et linguiste autrichien désignait ce conifère rouge en hommage au savant amérindien Sequoyah (*See-Quayah*), inventeur patient (1808-1821) pour la nation Cherokee d'un alphabet adapté à la langue parlée par son peuple. D'aucuns préférèrent le nom de Wellingtonia, associant le géant végétal au duc anglais, victorieux de Napoléon… Le titre indien, dans sa discrétion, a prévalu sur le militaire britannique : l'arbre a été reconnu comme une culture, libre de tout déterminisme politique.

Ces géants solennels, présents sur Terre depuis le Crétacé, sont dits sempervirens (« toujours verts ») ou séquoias à feuille d'if. Leur population est massée près de San Francisco, dans la région côtière du nord de la Californie, splendides et derniers survivants d'une espèce qui essaime difficilement dans le monde. Les États-Unis ont donné le nom de Muir Woods National Monument au Parc national qui les abrite, classé « Monument national » dès 1908. Cet arbre, dont on ne se lasse pas d'admirer la taille, le mystère et la majesté est pourvu de renflements (lignotuber) à la racine, qui le protègent de la prédation animale et des incendies. Le feu fait curieusement partie de l'écosystème séquoien qui se perpétue sur brûlis et dont l'écorce rouge est ignifuge.

Ivan Magrin-Chagnolleau, en chercheur sensible, a tenté une expérience qui était de l'ordre de la rencontre entre son regard, la lumière et l'arbre rouge qu'il observait. Il a capté le mouvement de la lumière, tendu vers la plus grande créature de ce monde. Il a oublié la canopée, la racine, le tronc, la mesure que l'arbre impose à la trace humaine. Cherchant l'esprit, il a naturellement libéré la lumière : celle-ci court en filaments rapides sur les troncs fuligineux.

Qu'a donc capté l'objectif de l'appareil qu'il laisse vagabonder au gré de son inspiration ? Est-ce bien l'inspiration qui le guide ou l'arbre enraciné qui lui fait signe dans le temps ? Que photographie-t-il du séquoia qui se dérobe désormais à la vue, gracieux comme une fougère ?

La Lumière en vortex forme un feu d'artifice d'étoiles ; cette tresse singulière irradie l'arbre immense devenu fougère. L'aura de l'arbre rouge, insensible au feu, explose en mille éclats de lumière, un tissu de chaleurs et d'énergies colorées.

Attentif au partage des émotions, Ivan Magrin-Chagnolleau a présenté quelques photographies des arbres rouges de Muir Woods, lors du quatrième Festival de Création des Arts ForeZtiers (lesartsforeztiers.eu). L'installation de ses photographies réunissait en amitié les arbres de trois lieux : des séquoias géants de Muir Woods à côté de San Francisco, des arbres du bois de Vincennes, proches de Paris, et « de nouvelles rencontres que je viens de faire à Chavaniac-Lafayette ». Ivan avait disposé ses photographies, encadrées d'un papier à inclusions florales, sur le totem en bois construit pour les Arts ForeZtiers en 2010. Planté à l'entrée du Festival, ce totem superposait, en à-plats, des branches à contre-jour à des feuilles saupoudrées de soleil. Parmi les photographies publiées dans le Catalogue des Arts ForeZtiers 2015, un échantillon de ce qui constitue le mystère de ce petit livre illustré, dédié à l'expérience des arbres rouges : des troncs rouges enrubannés de lumières pétillantes. Le titre trouvé à deux résumait le puzzle accolé au totem : Bois Resonables.

Aujourd'hui, ces vingt-neuf photographies vibrantes issues du parc de Muir Woods font résonner leurs couleurs sur un fût rougeoyant qui se fait discret, au-delà de la traditionnelle photographie en majesté du séquoia toujours vert. Son écorce, bois brûlé irradie quelque chose de subtil et de primesautier, comme si la gaieté vivante de l'arbre tambourinait grâce à l'énergie rapide de la photographie.

Ce vert aux « aiguilles d'if », symboliquement lié aux volutes de l'écriture Cherokee, s'allie au jaune des comètes et au bleu du ciel, dans un tourbillon de présences géométriquement aimantées... Les peuples-racines ne sont plus perçus collectivement au travers leurs hiératiques statures, mais dans la chaleur agissante de leurs influences. Ces verts frais d'espérance forment un timbre unique dans le concert forestier, piqueté d'aiguillées mouvantes, qui retissent l'odyssée ancienne, mais vivante, du monde rouge.

Sylvie DALLET, professeur des universités, historienne et critique d'art (1er septembre 2016)

Weaving The Light

Giant sequoias, which have surged upwards for thousands of years, continue to thrive in a specific area of the United States, provoking fear and admiration and for some a sacred reverence. This immense tree impresses by its collective presence, its quiet slenderness, and its color of old blood. In 1847, an Austrian botanist and linguist named this conifer in honor of a wise American Indian, Sequoyah (See-Quayah), who was the patient inventor (between 1808 – 1821) of the Cherokee alphabet, adapted to the language spoken by his people. Others preferred the name Wellingtonia, which associated the giant plant with the British duke who was victorious over Napoleon... The discreet Indian name won over the British soldier: the tree is recognized as a culture tree free from all political determinism. These solemn giants, which have been on earth since the Cretaceous Period, are called sempervirens (evergreens) or yew leaf sequoias. They are grouped together near San Francisco on the coastal region of Northern California, splendid and last survivors of a species which has problems in spreading across the world. The Muir Woods National Monument Park, the national park where they grew, was classified a national monument by the United States in 1908. One never tires of admiring the size, the mystery, and the majesty of this tree with a bulge (lignotuber) at its roots which protects it from animal predators and fires. Strangely, fire is part of the sequoian ecosystem which is perpetuated by burning and whose red bark is fireproof.

Ivan Magrin-Chagnolleau, as a sensitive researcher, tried an experiment which was the encounter between his gaze, the light and the red tree he was observing. He captured the movement of the light, reaching towards the biggest creature in the world. He forgot the canopy, the roots, the trunk, and the measurements which the tree sets down on human records. Looking for the spirit, he naturally liberated the light, which flows in rapid filaments on the sooty trunks.

What did he capture with his camera lens which he let roam freely according to his imagination? Was he guided by inspiration or did the rooted tree get in contact with him across time? What did he photograph of the sequoia, gracious as a fern, which hid henceforth from his view?

The light in a vortex forms a fireworks of stars and this strange garland irradiates the immense tree which has become a fern. The aura of the redwood, insensitive to fire, explodes in a thousand bursts of light, a web of heat and colorful energies.

Wanting to share his emotions, Ivan Magrin-Chagnolleau presented several photos of the redwoods in Muir Woods at the fourth Festival of Creation "Les Arts ForeZtiers" (lesartsforezetiers.eu). The installation of his photos harmoniously combined trees from three places: the giant sequoias in Muir Woods next to San Francisco, trees in the Vincennes Wood near Paris, and "new discoveries that I just made at Chavaniac-Lafayette". Ivan had arranged his photos, framed in floral paper, on the wooden totem built for "Les Arts ForeZtiers" in 2010. Planted at the Festival entrance, this totem stacked up, on a flat surface, the branches against the sunlight to the leaves sprinkled with the sun. Among the photos published in the 2015 Catalogue of "Les Arts ForeZtiers" is a sample of what constitutes the mystery of this little illustrated book, dedicated to the experience of the redwoods: the red trunks ribboned with sparkling lights. The title which we found together summarizes the puzzle placed on the totem: Echoing Woods (Bois Résonables).

Today, these twenty-nine vibrant photos of the Muir Woods make their colors resound on a discreet glowing red trunk, beyond the traditional majestic photos of the evergreen sequoias. Its bark of burnt wood irradiates something subtle and impulsive as if the living gaiety of the tree blazed thanks to the photography's rapid energy.

This evergreen with « yew leaves », symbolically linked to the scrolls of the Cherokee writing, is matched with the yellow of the comets and the blue of the sky in a whirlwind of geometrically attracted beings. These "Roots-People" are no longer collectively perceived through their hierarchical statures but through the active heat of their influences. These fresh evergreens of hope create a unique note in the forest concert, studded with moving needles which weave again the ancient but living odyssey of the red world.

Sylvie DALLET, University Professor, Art Historian and Critic (September 1, 2016)

Translated from French into English by Thelma Cross

Une promenade singulière

Je me suis rendu en septembre 2013 dans la baie de San Francisco pour rencontrer plusieurs artistes qui vivent là-bas. J'ai passé beaucoup de temps avec mon ami Roberto Pieraccini, photographe accompli, qui m'a proposé notamment d'aller au Muir Woods Park, l'un des parcs de séquoias géants qui se trouvent dans la région. J'ai immédiatement accepté, et nous nous y sommes rendus ensemble. J'ai une relation très privilégiée aux arbres et j'avais hâte de rencontrer ces beaux géants. Lorsque nous sommes arrivés à l'entrée du parc, j'ai été saisi par l'atmosphère de quiétude qui se dégageait de ce lieu. J'avais l'impression de pénétrer dans une cathédrale naturelle, dans un lieu sacré à l'énergie hautement spirituelle.

Comme tout photographe, j'avais avec moi mon appareil photo. Et après quelques minutes de déambulation dans le parc, j'ai commencé à prendre des photos finalement assez classiques de ce lieu, en jouant sur les effets de perspective pour essayer de rendre compte de l'immensité de ces arbres. Mais au bout d'un moment, je sentais bien que mes photos ne traduisaient pas l'expérience profonde et spirituelle que j'étais en train de vivre.

C'est alors que sans bien savoir pourquoi, sans doute poussé par une force créatrice qui ne venait pas de moi et me dépassait, je me suis mis à prendre des photos en bougeant en même temps mon appareil photo dans un mouvement de rotation. Le résultat a été saisissant. J'ai ensuite eu assez vite l'idée de bouger le zoom tout en prenant la photo. Et j'ai finalement joué avec ces deux déplacements possibles, tout en variant le temps d'exposition et la vitesse des mouvements.

Je me suis retrouvé, une fois une sélection et quelques retouches effectuées, avec cette série que je vous présente dans cet ouvrage, et qui rend compte à mon avis assez bien de ce que j'ai ressenti au contact de ces arbres magnifiques. Il y avait quelque chose d'invisible, d'immatériel, que j'ai voulu capter afin de rendre compte de cette énergie très intense et très intérieure, et ce sont les arbres eux-mêmes qui m'ont aidé à le faire, en me poussant vers un geste photographique que je n'avais pas l'habitude de faire.

Les arbres ont plein de choses à nous raconter.
Ils sont connectés à la Terre par leurs racines.
Ils sont connectés au Ciel par leurs branches.
Et ils sont connectés les uns aux autres.
Comme les humains d'ailleurs.
Lorsqu'ils ne sont pas trop pressés pour s'en rendre compte.

Je vous souhaite une belle promenade au milieu de ces beaux géants, de leur énergie et de leur présence.

Ivan MAGRIN-CHAGNOLLEAU, artiste philosophe (23 août 2016)

A Remarkable Walk

I went to the Bay of San Francisco in September 2013 to meet several artists who lived there. I spent a lot of time with my friend, Roberto Pieraccini, an accomplished photographer, who suggested that we go to the Muir Woods Monument Park, one of the giant sequoia parks in the region. I immediately agreed and we went there together. I have a very special relationship with trees and I was keen to see these beautiful giants. When we arrived at the park entrance, I was immediately taken by the peaceful atmosphere of the place. I had the impression that I was entering a natural cathedral, a sacred place with a highly spiritual energy.

Like all photographers, I had my camera with me and after a few minutes' stroll in the park, I started taking some fairly classic photos, playing on the effects of perspective to try to give an idea of the immensity of these trees. But after a short while, I realized that my photos didn't express the profound spiritual experience that I was going through.

That's when, without knowing why, no doubt pushed by a creative force that didn't come from me, and which surpassed me, I started taking photos whilst rotating my camera at the same time. The result was astonishing. Then, fairly quickly, I had the idea of moving the zoom when taking a photo. Finally, I played with these two possible movements while varying the exposure time and the speed of the movement.

In the end, I was left, once a selection and a few touch ups had been made, with the series that I'm showing you in this book and which, in my opinion, takes into account what I felt when I was in contact with these magnificent trees. There was something invisible, ethereal which I wanted to capture in order to give an account of this inner, intense energy. And it is the trees themselves who helped me to do it, by pushing me towards a photographic gesture that I was not used to making.

Trees have many things to tell us.
They are connected to the earth by their roots.
They are connected to the sky by their branches.
They are connected to each other.
Like humans, by the way.
When they are not in too much of a hurry to be aware of this.

I wish you a pleasant walk among these beautiful giants, their energy, and their presence.

Ivan MAGRIN-CHAGNOLLEAU, artist philosopher (August 23, 2016)

Translated from French into English by Thelma Cross

Photos

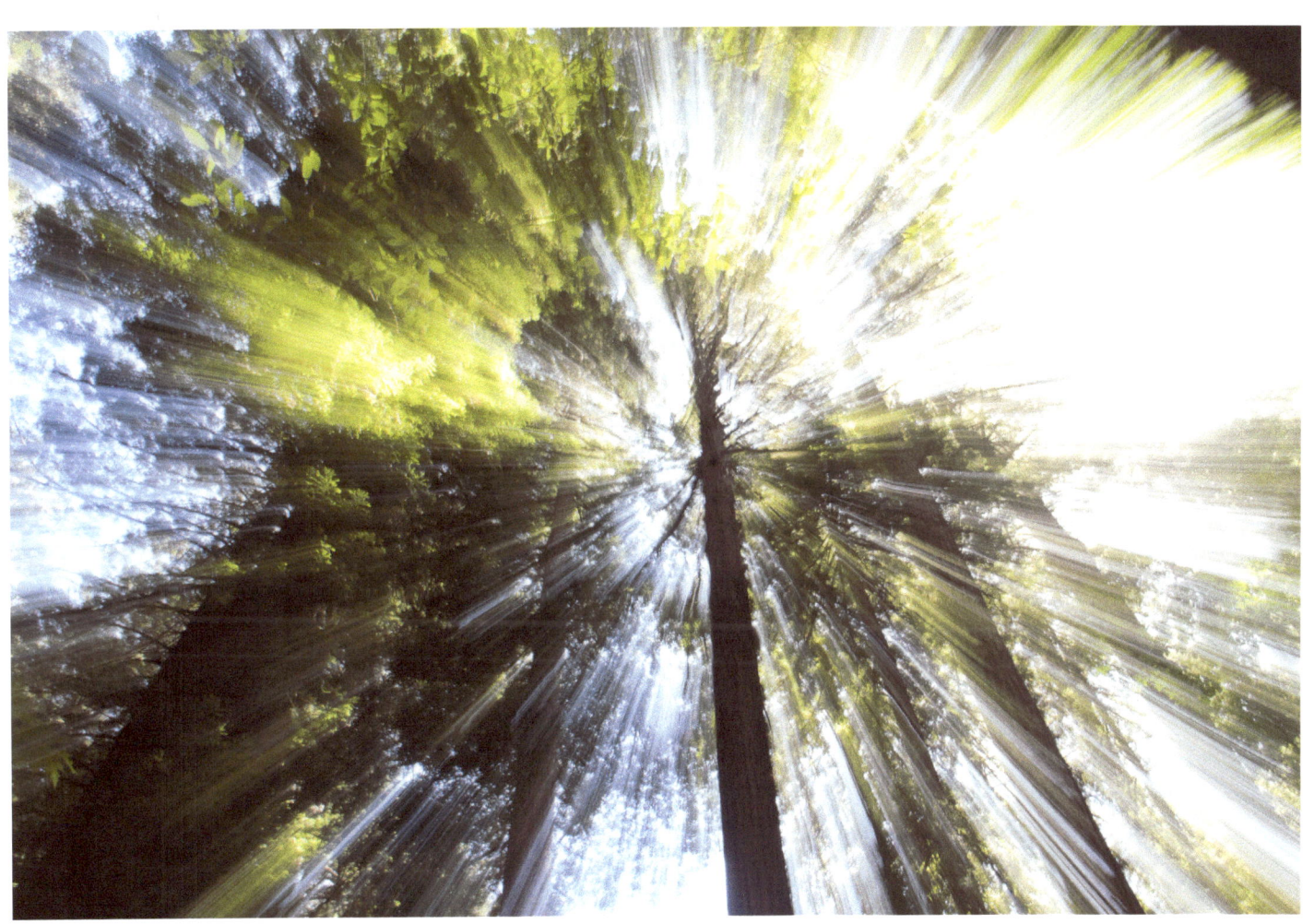

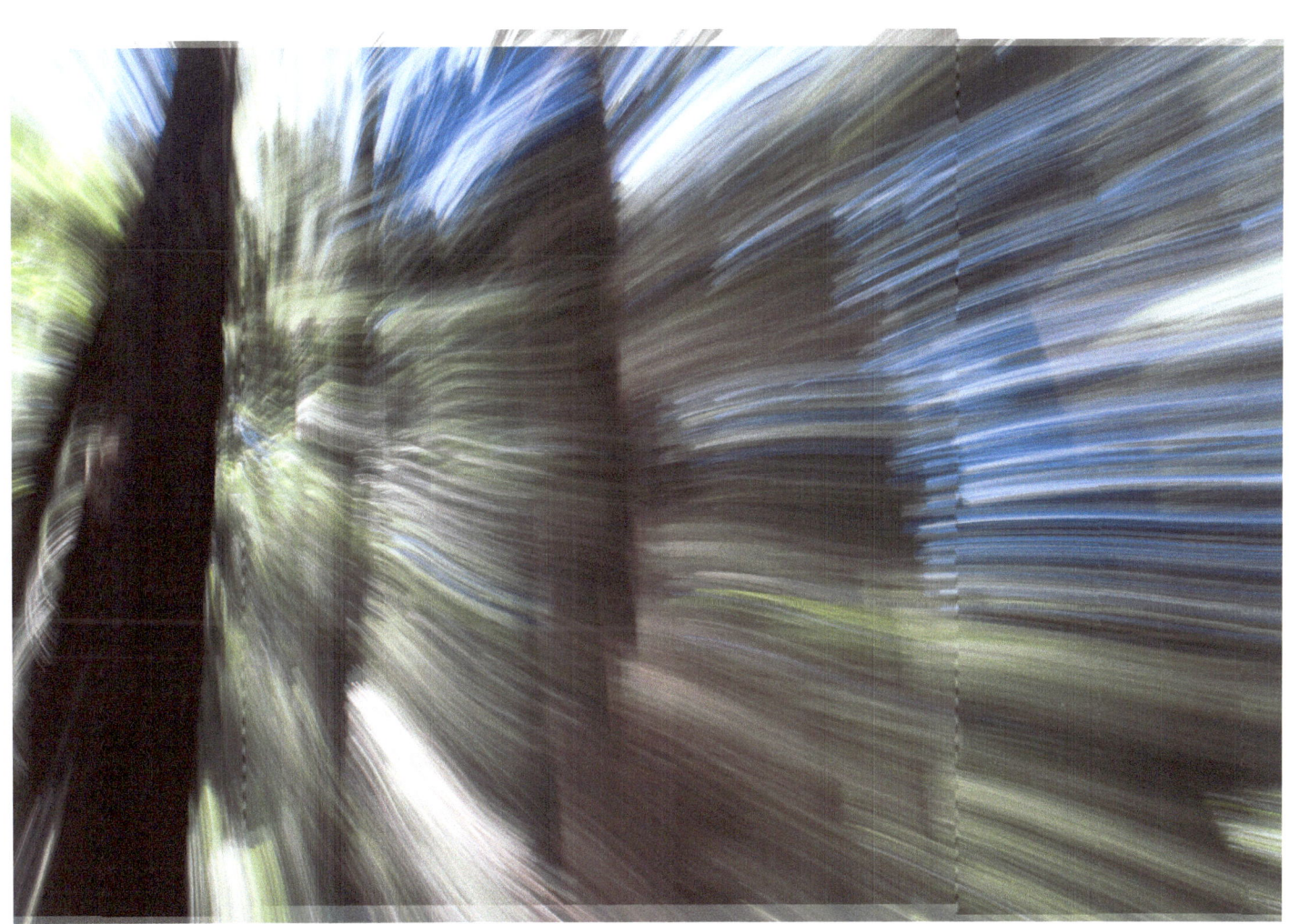

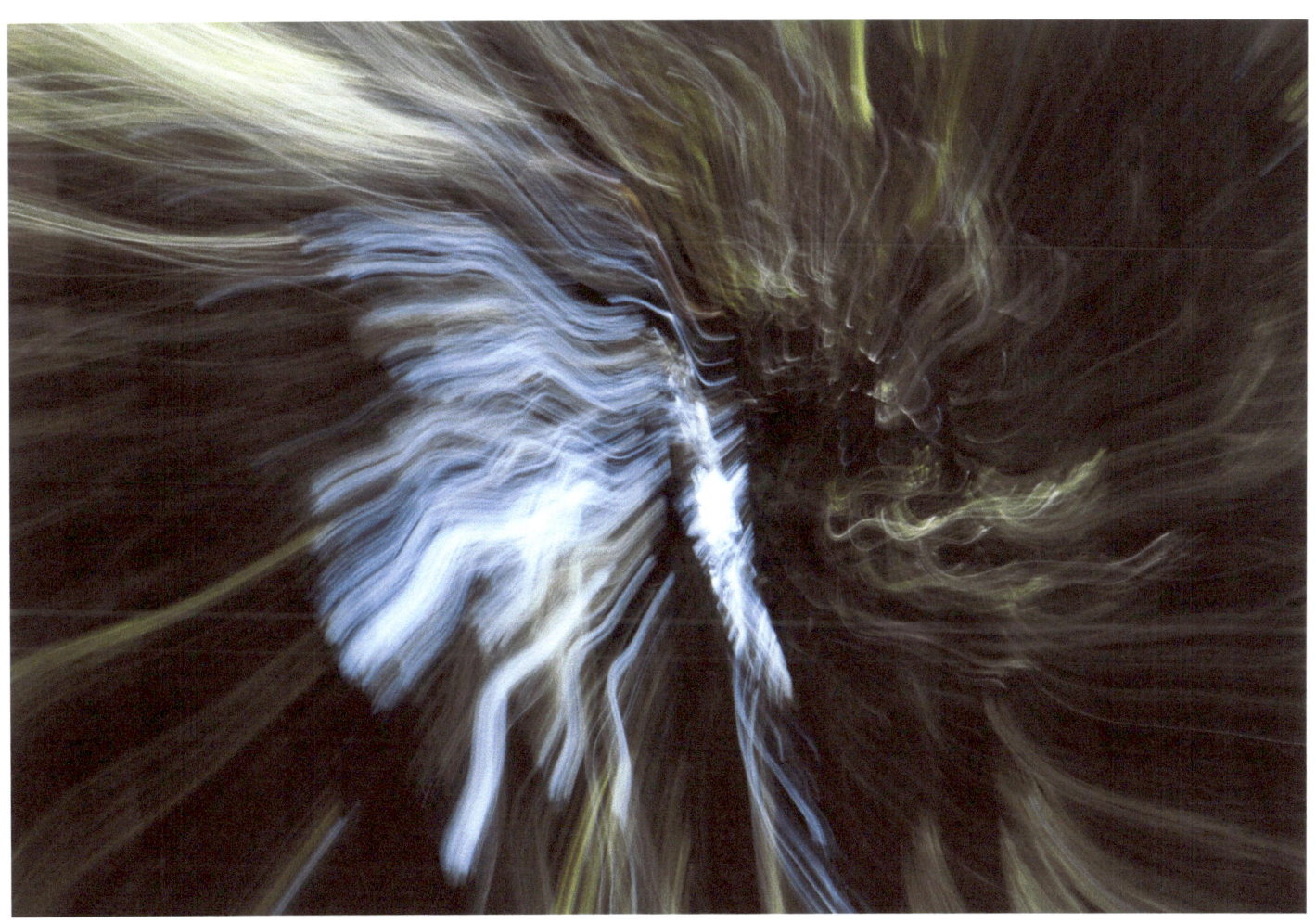

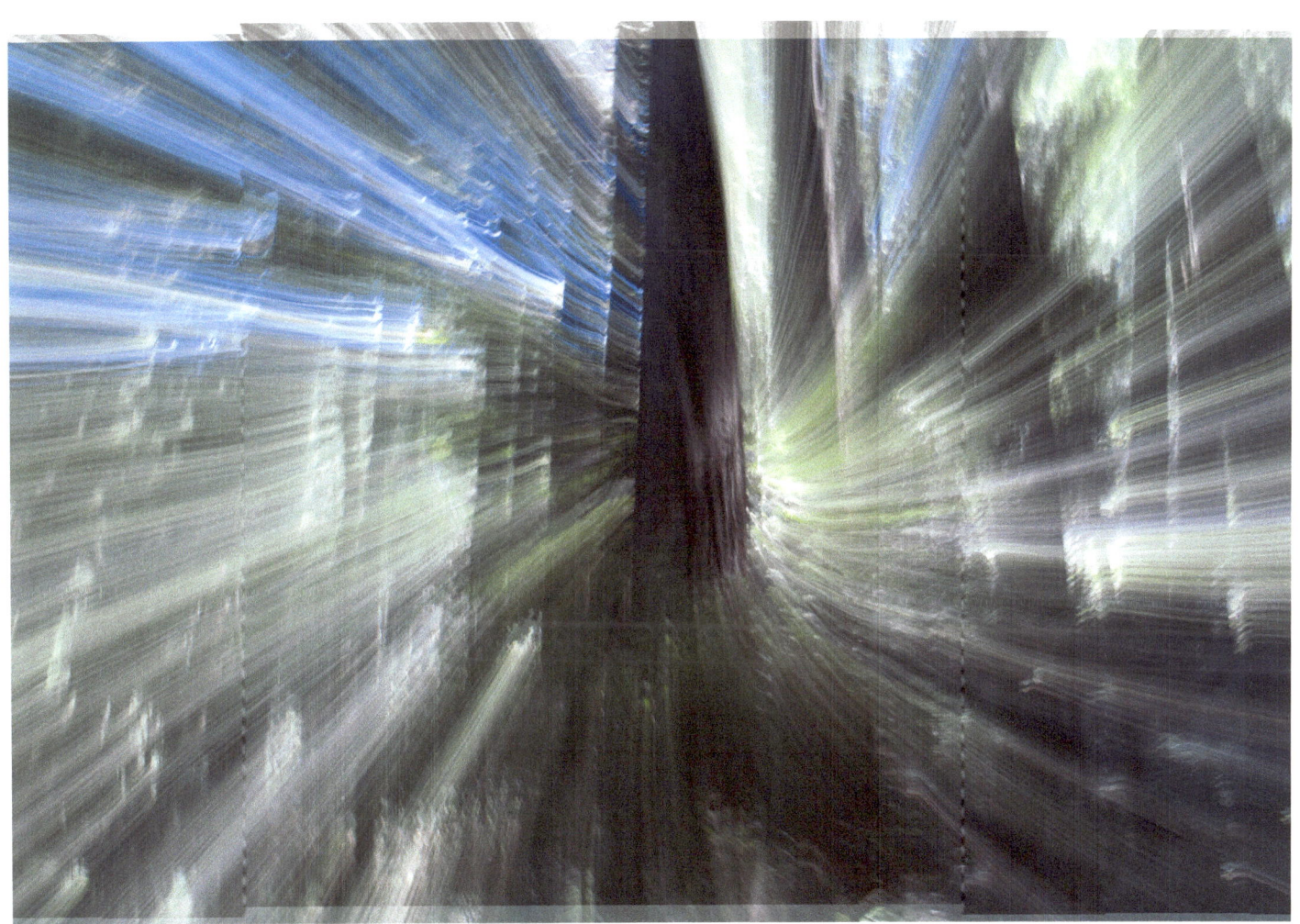

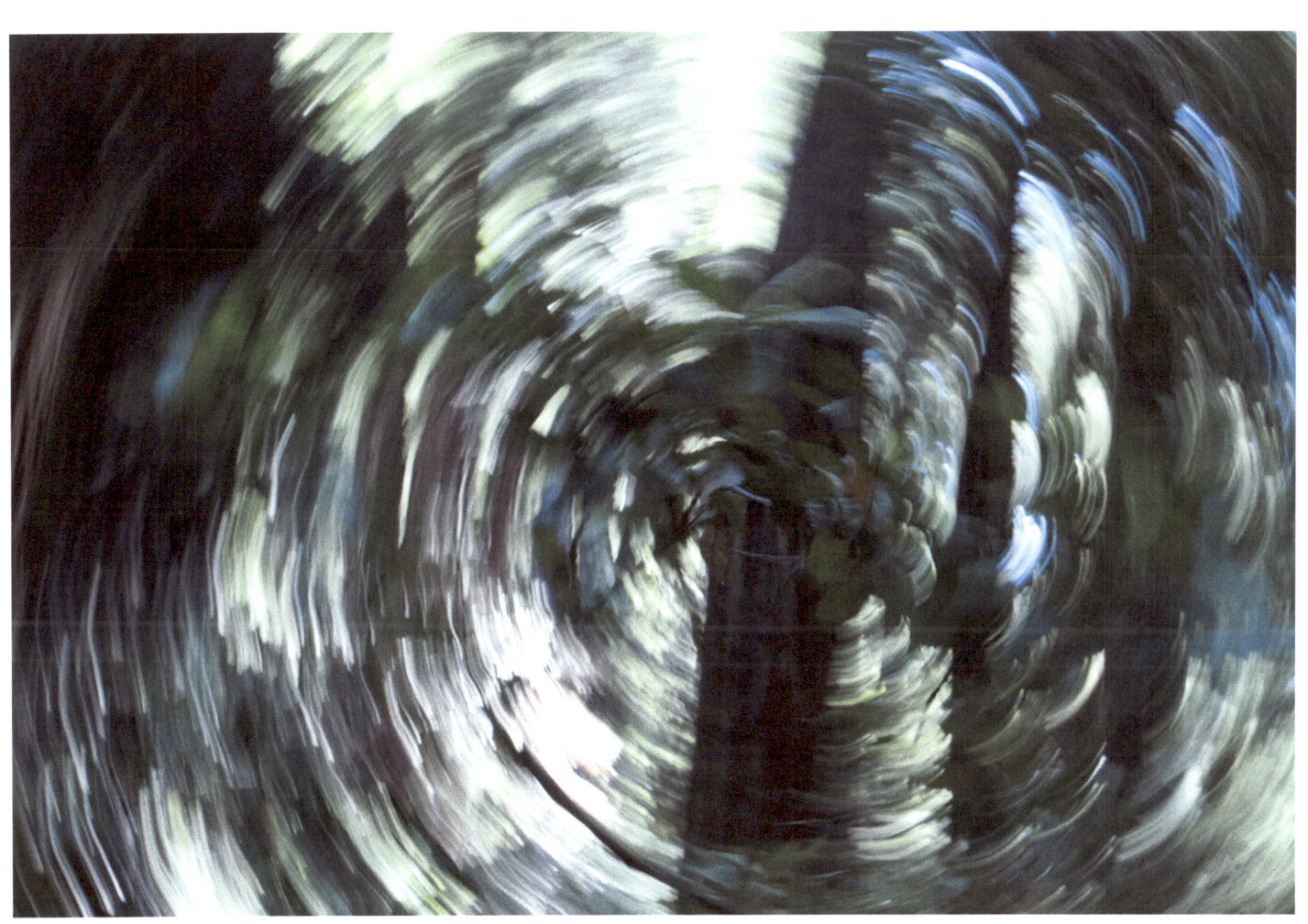

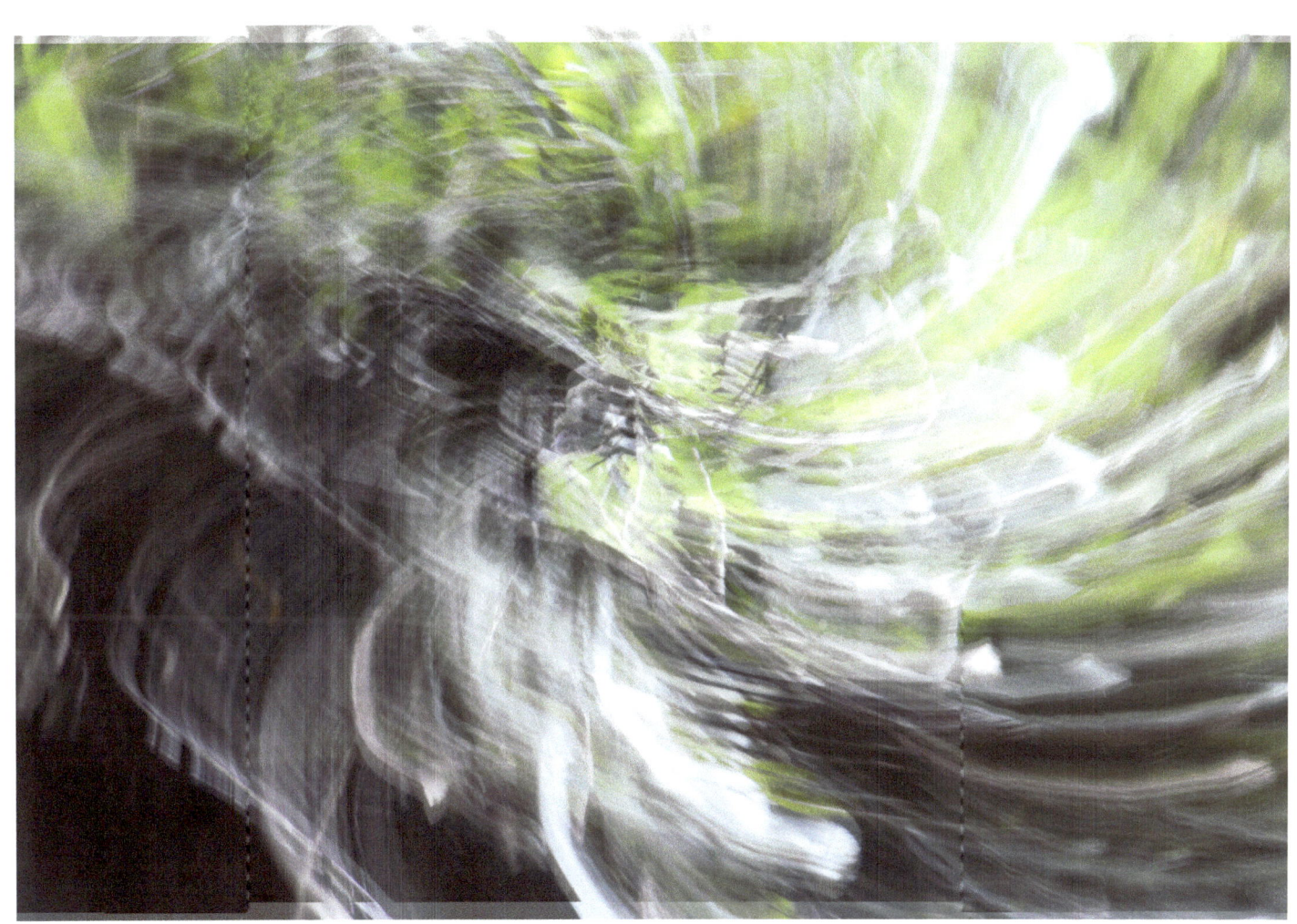

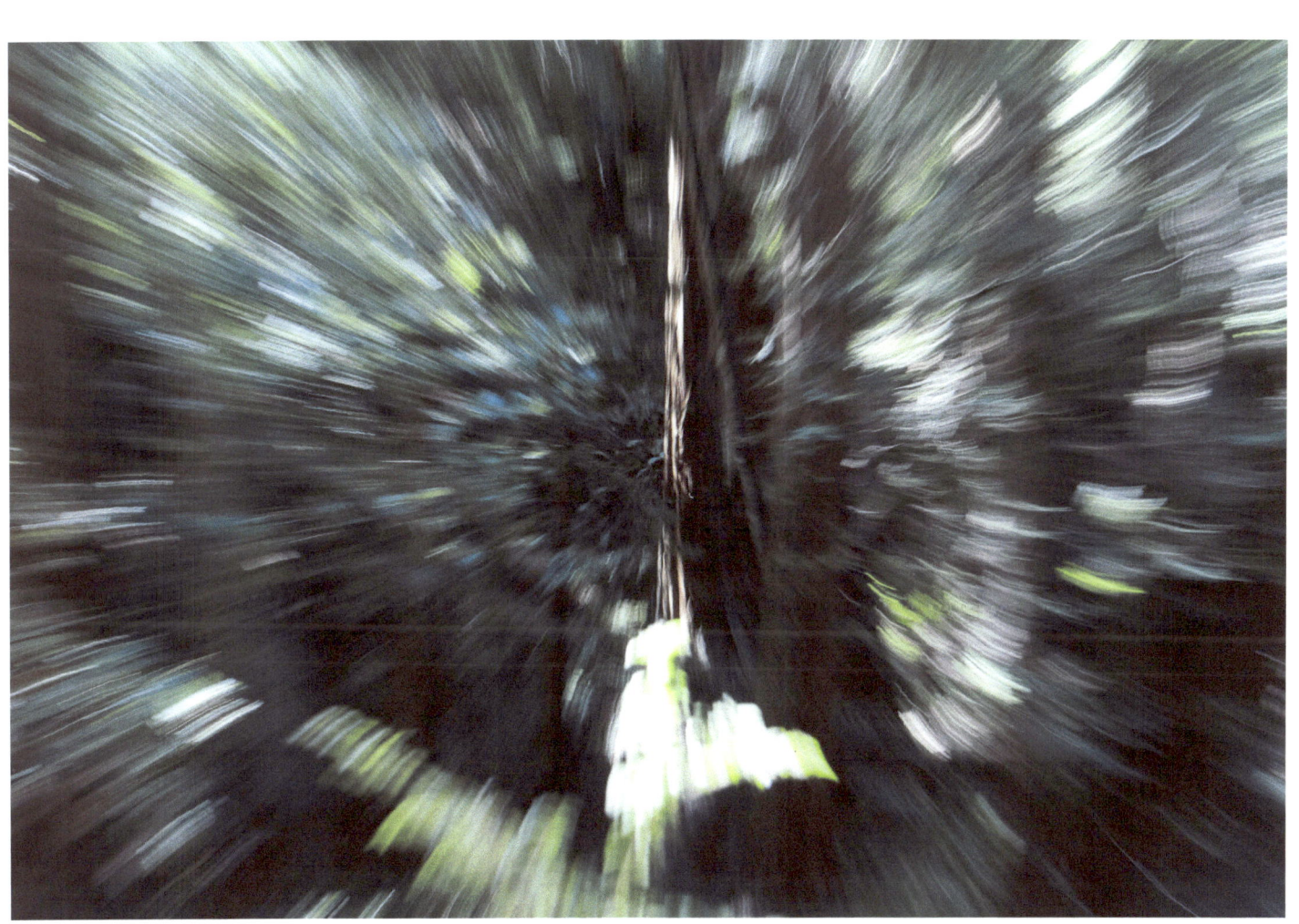

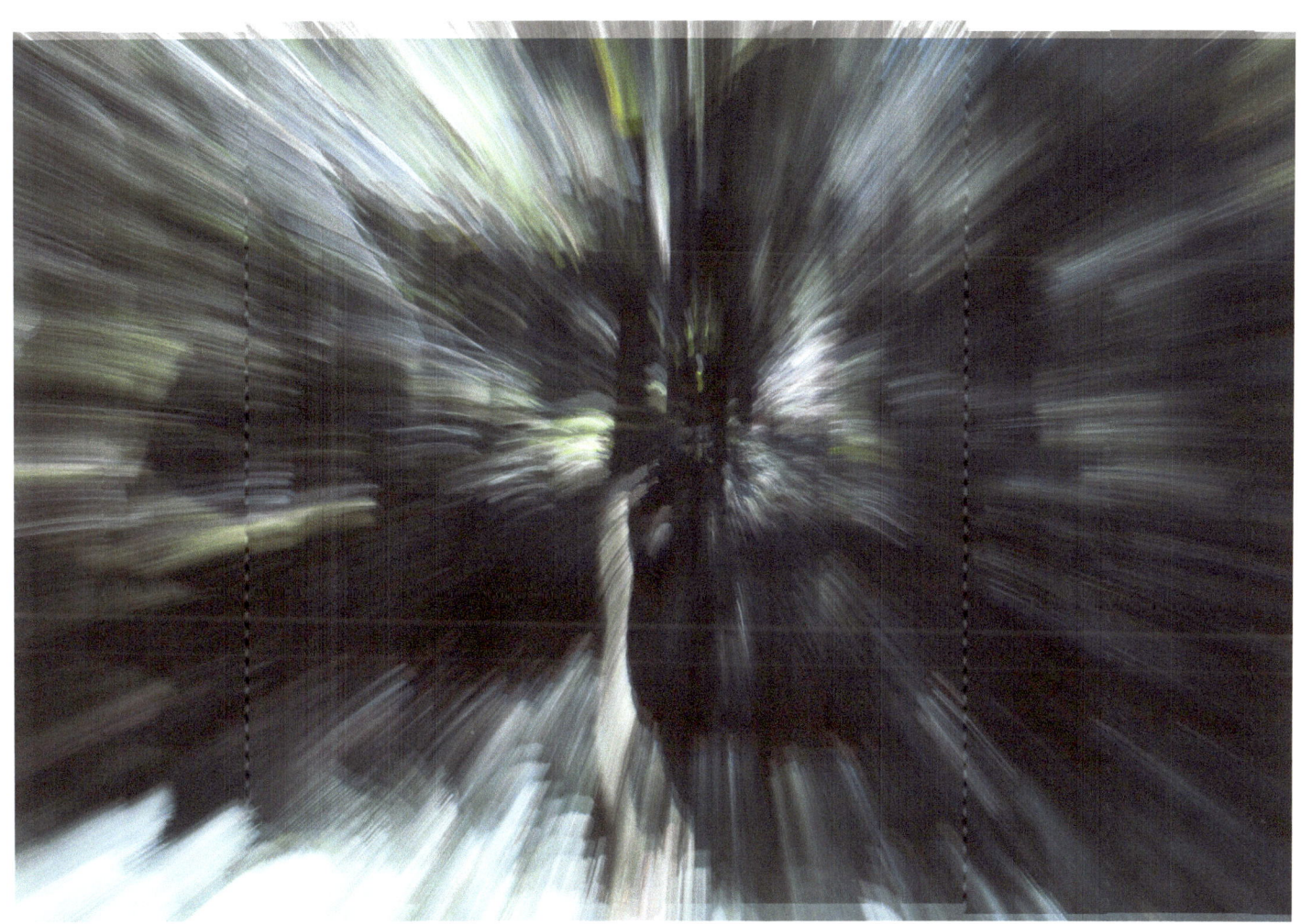

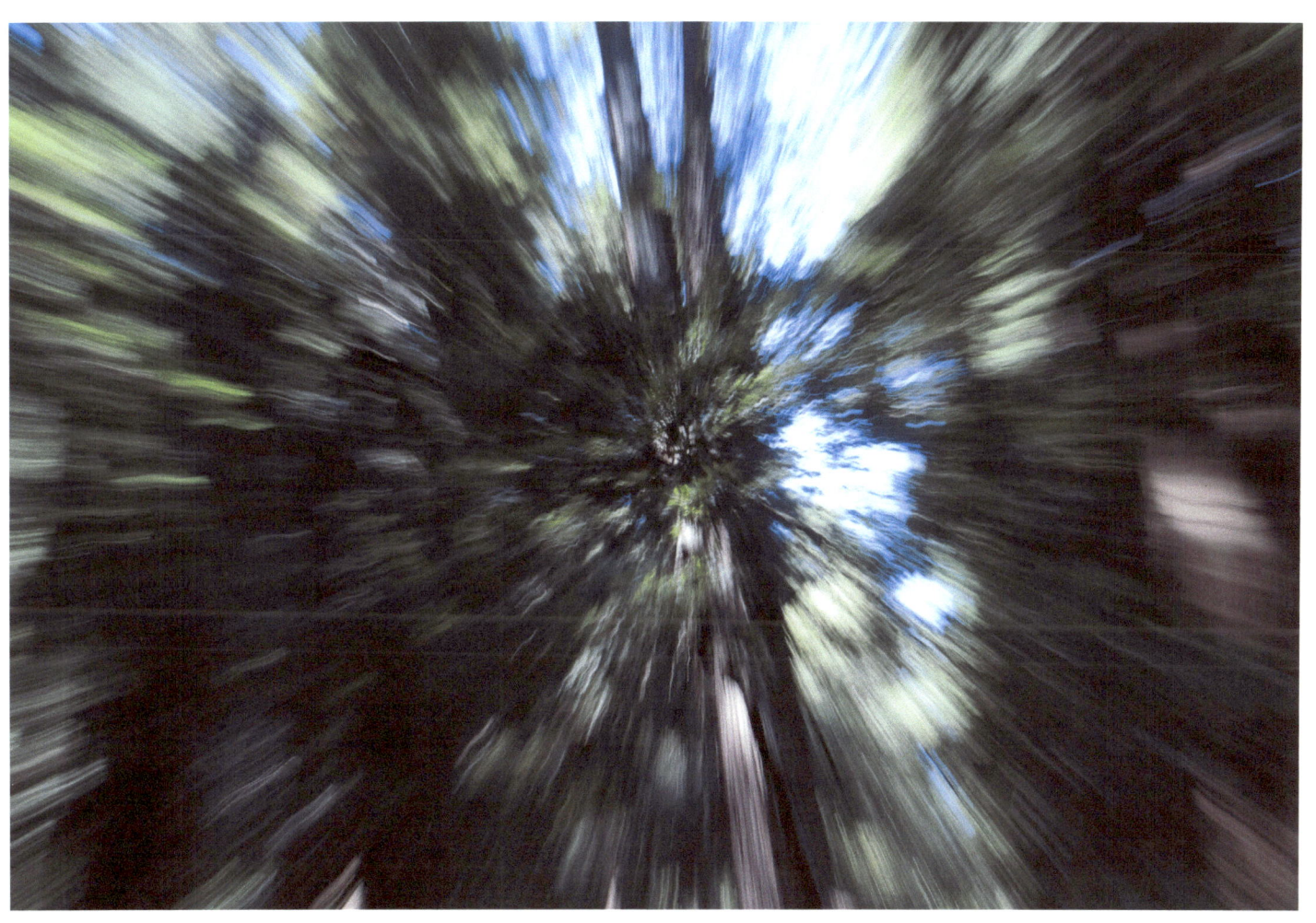

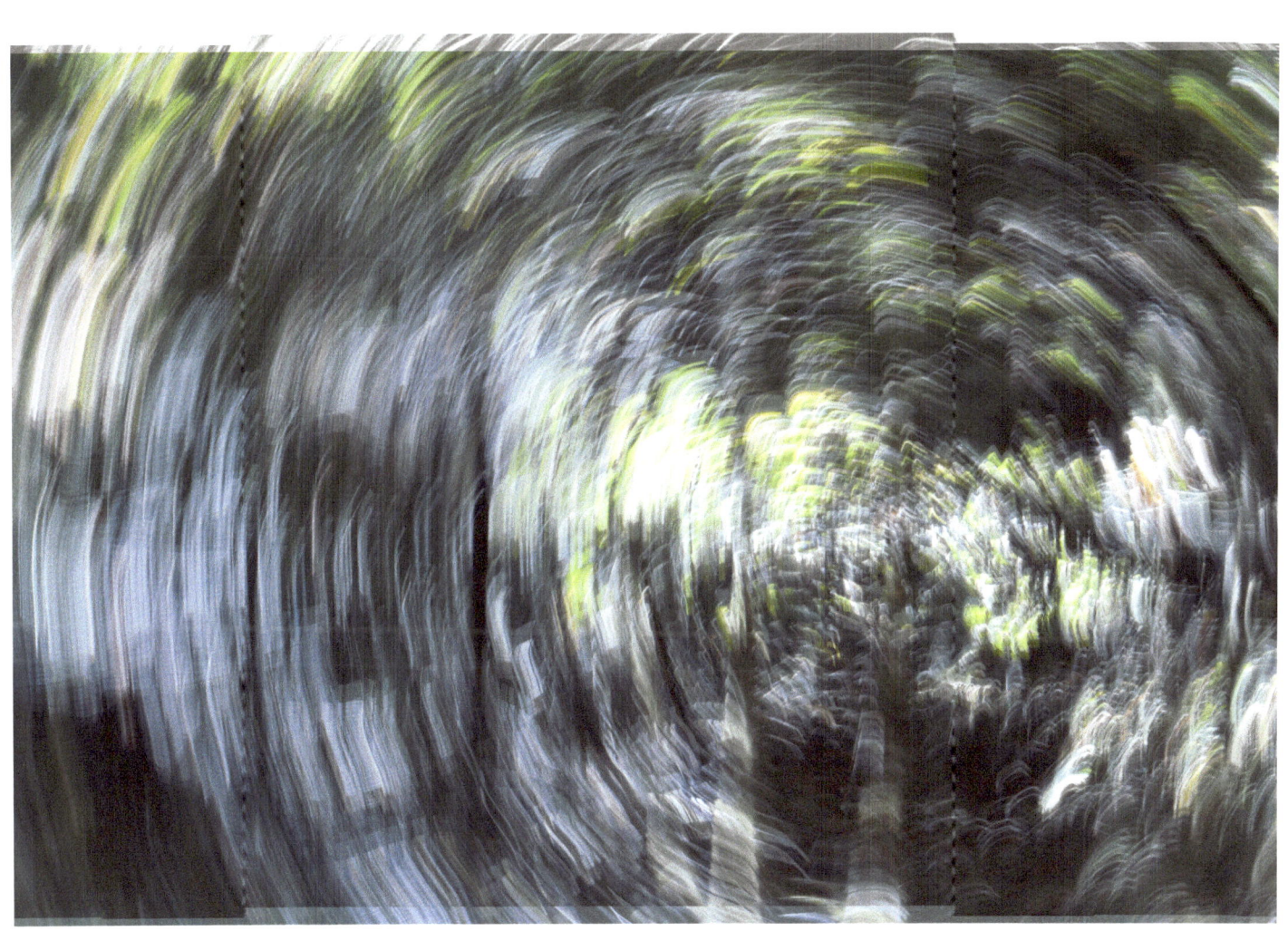

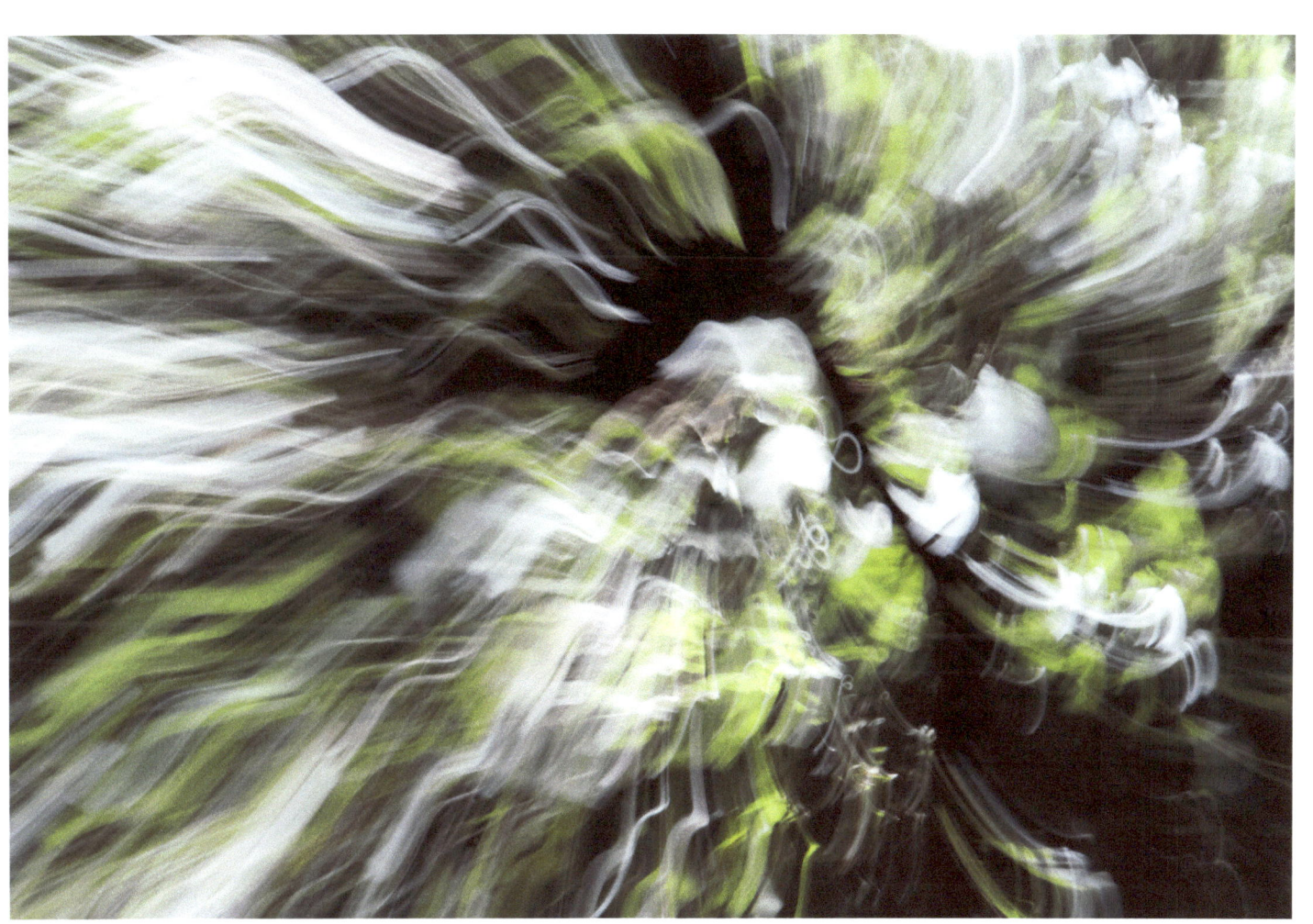

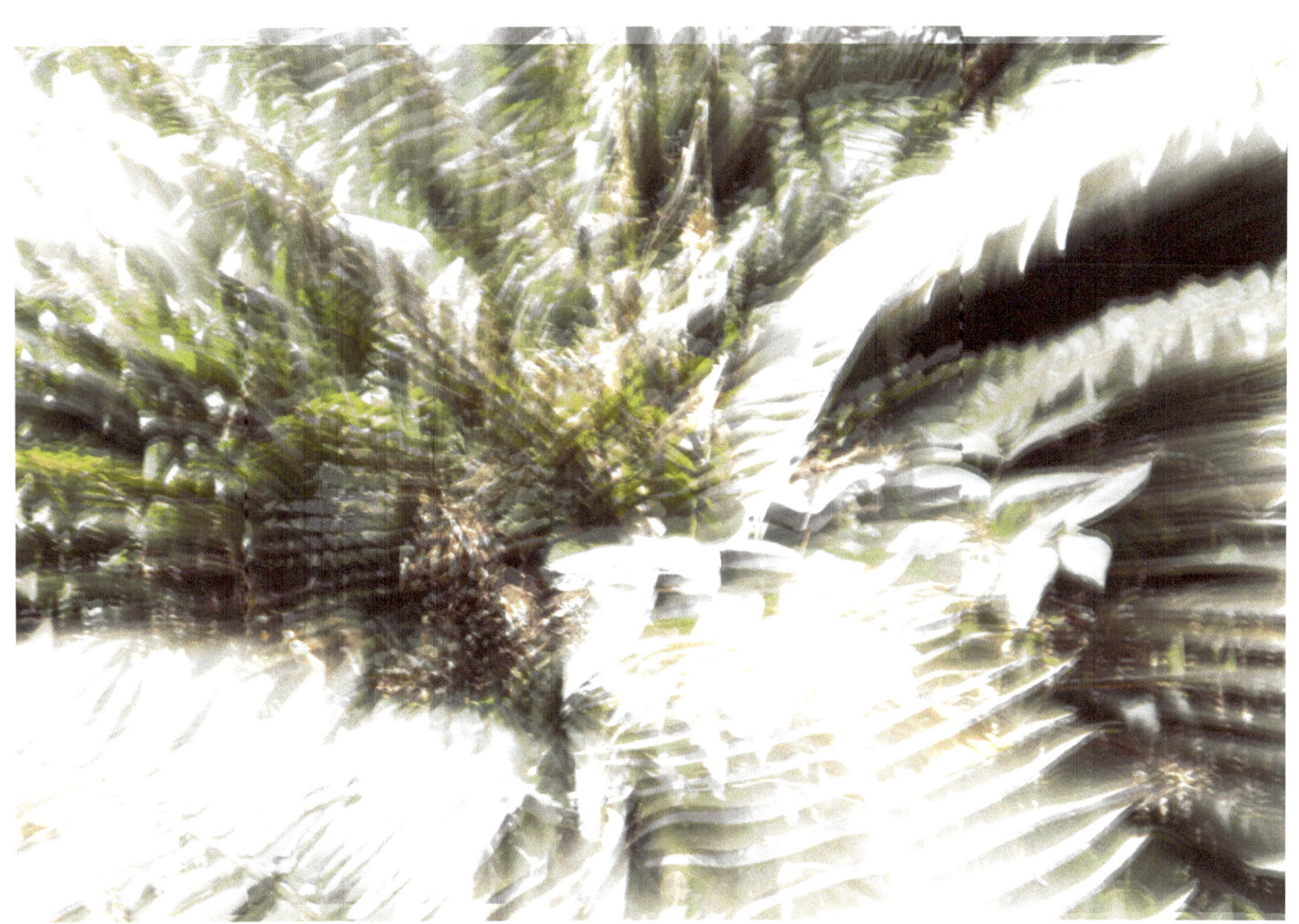

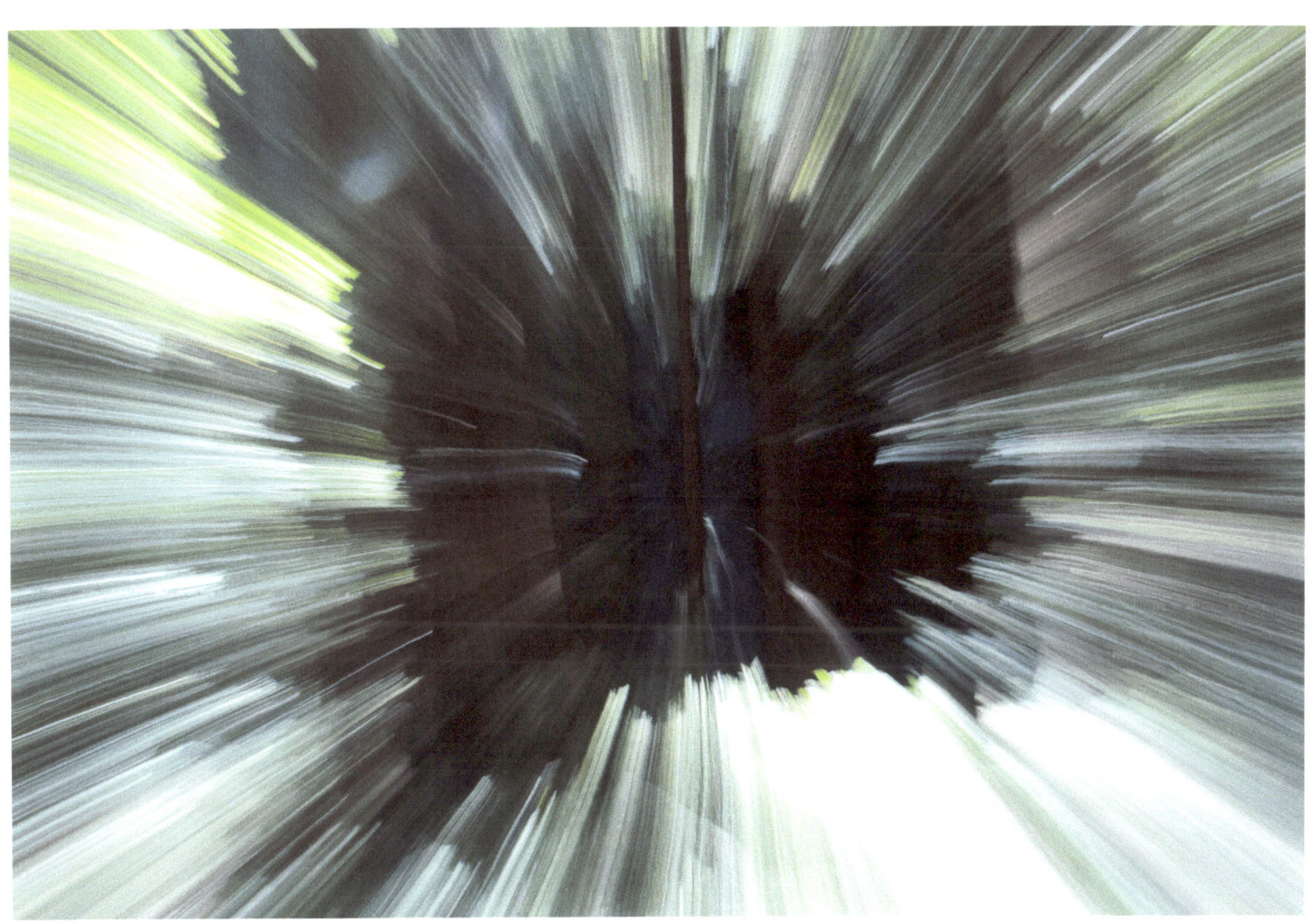

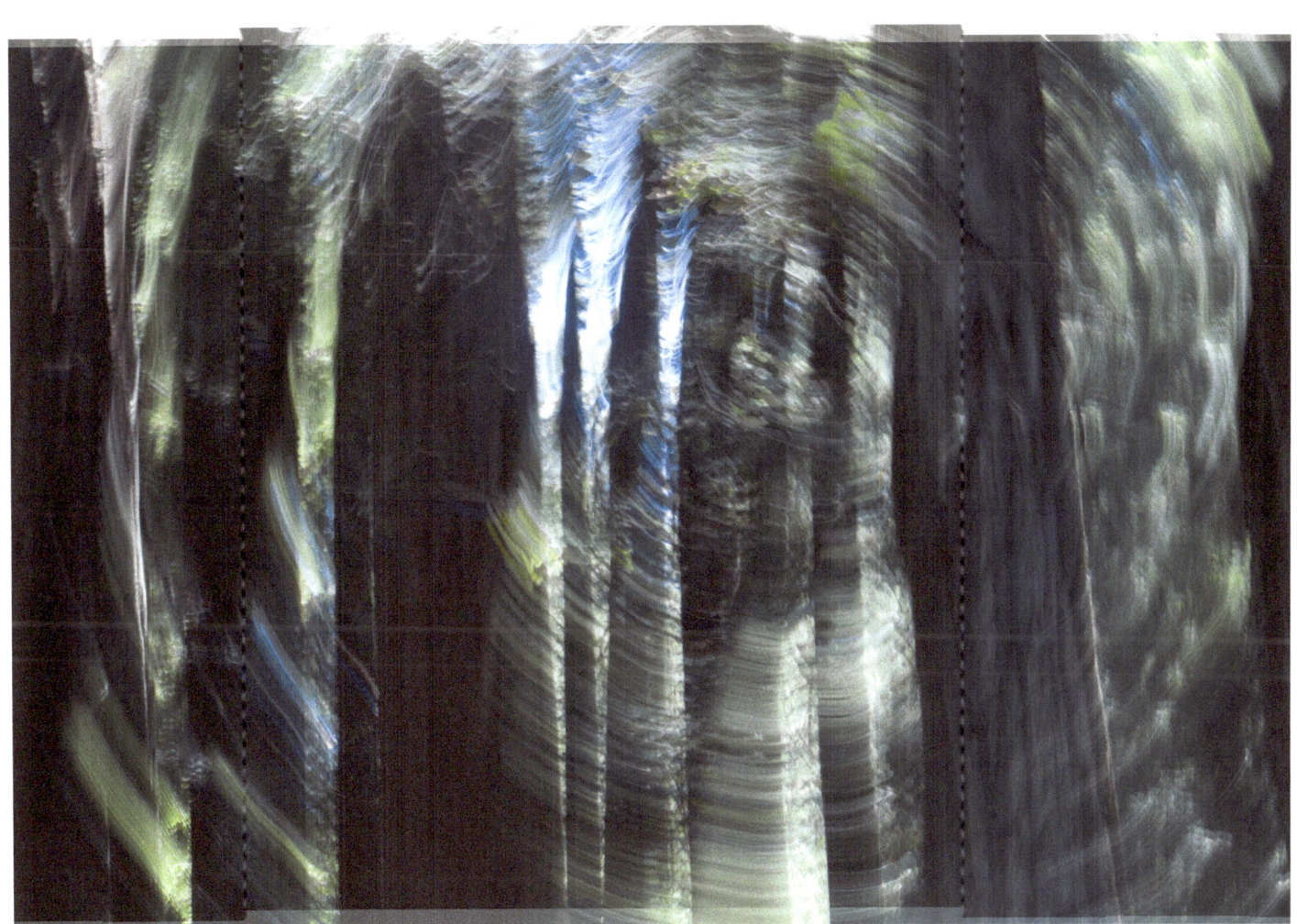

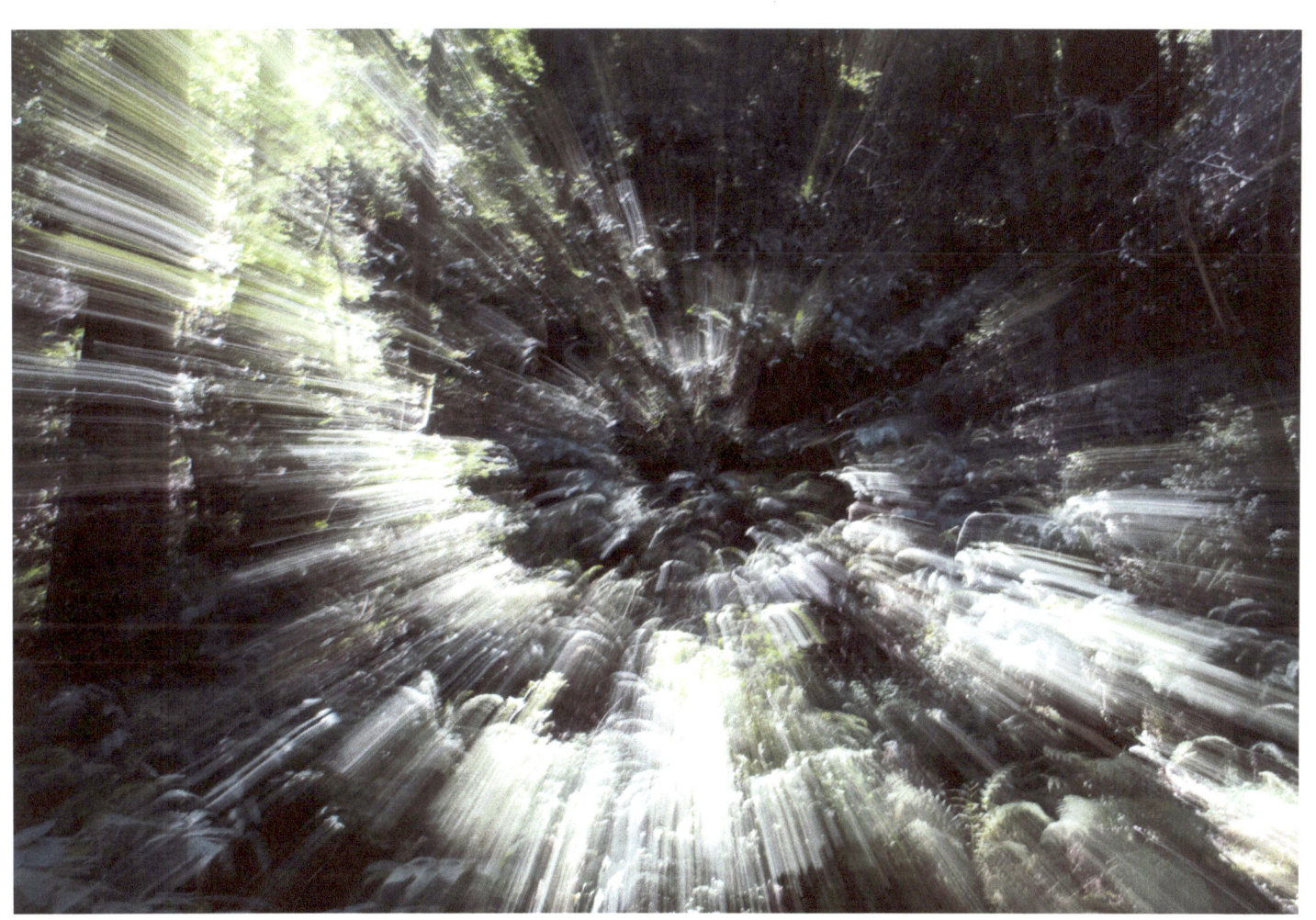

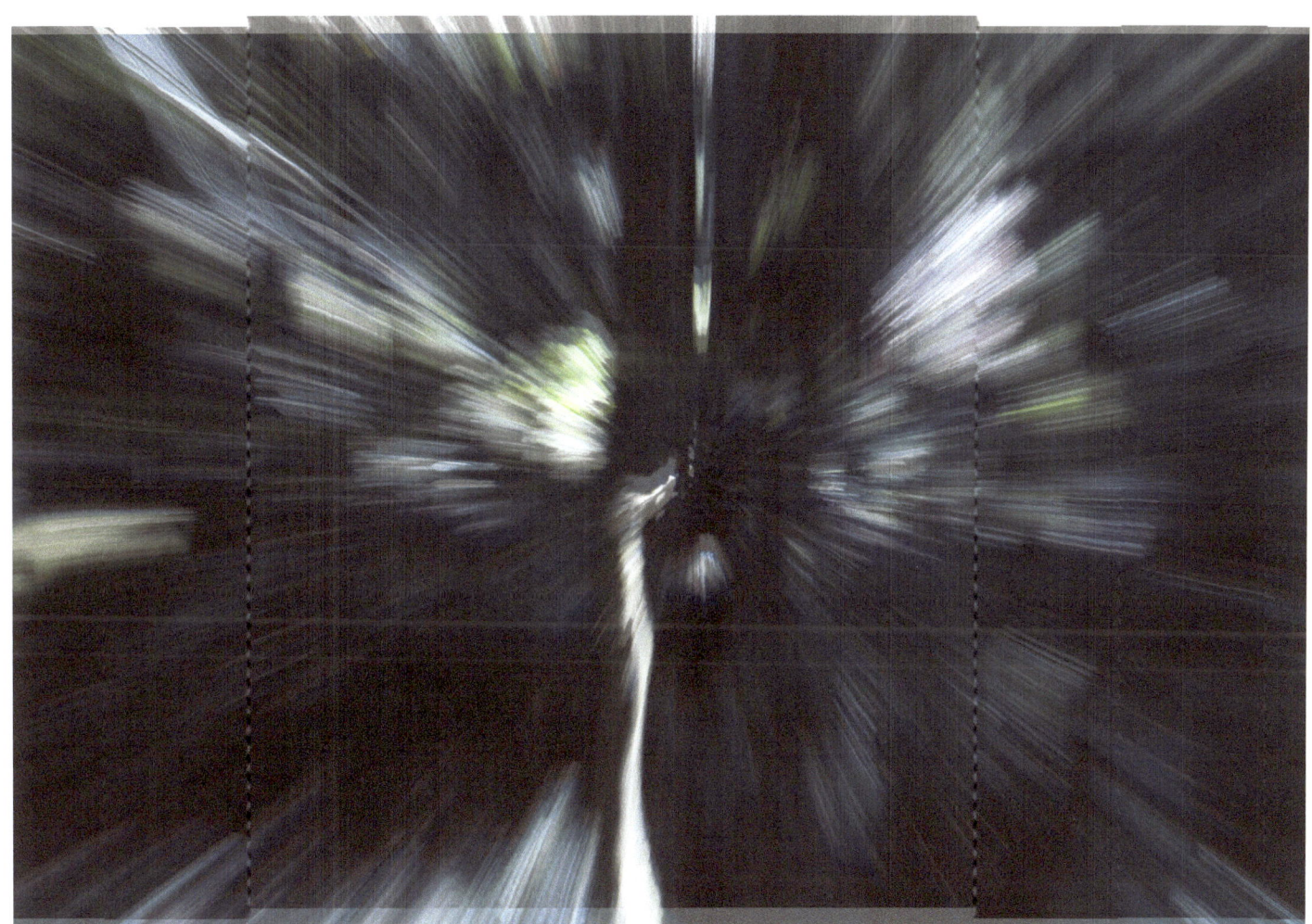

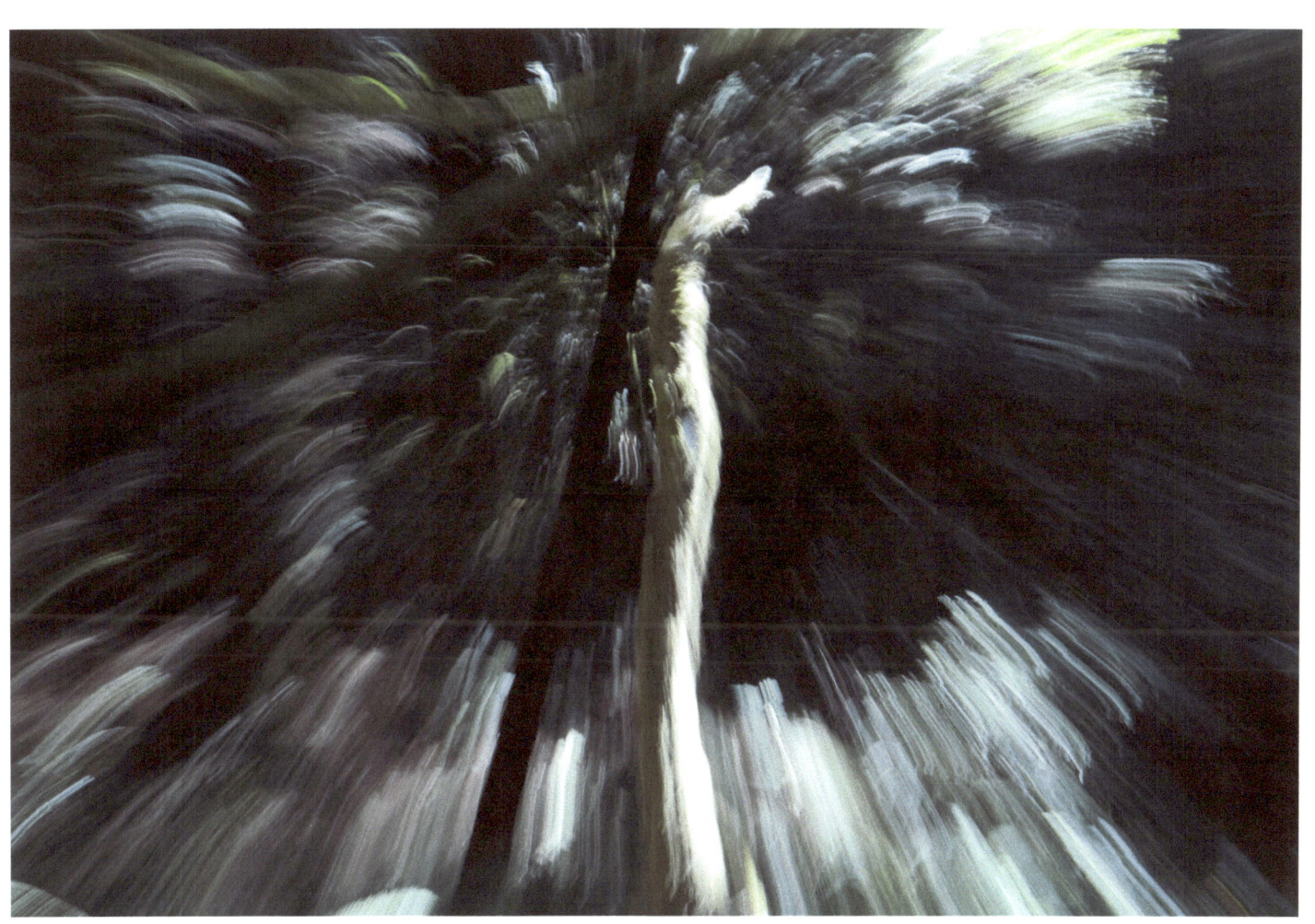

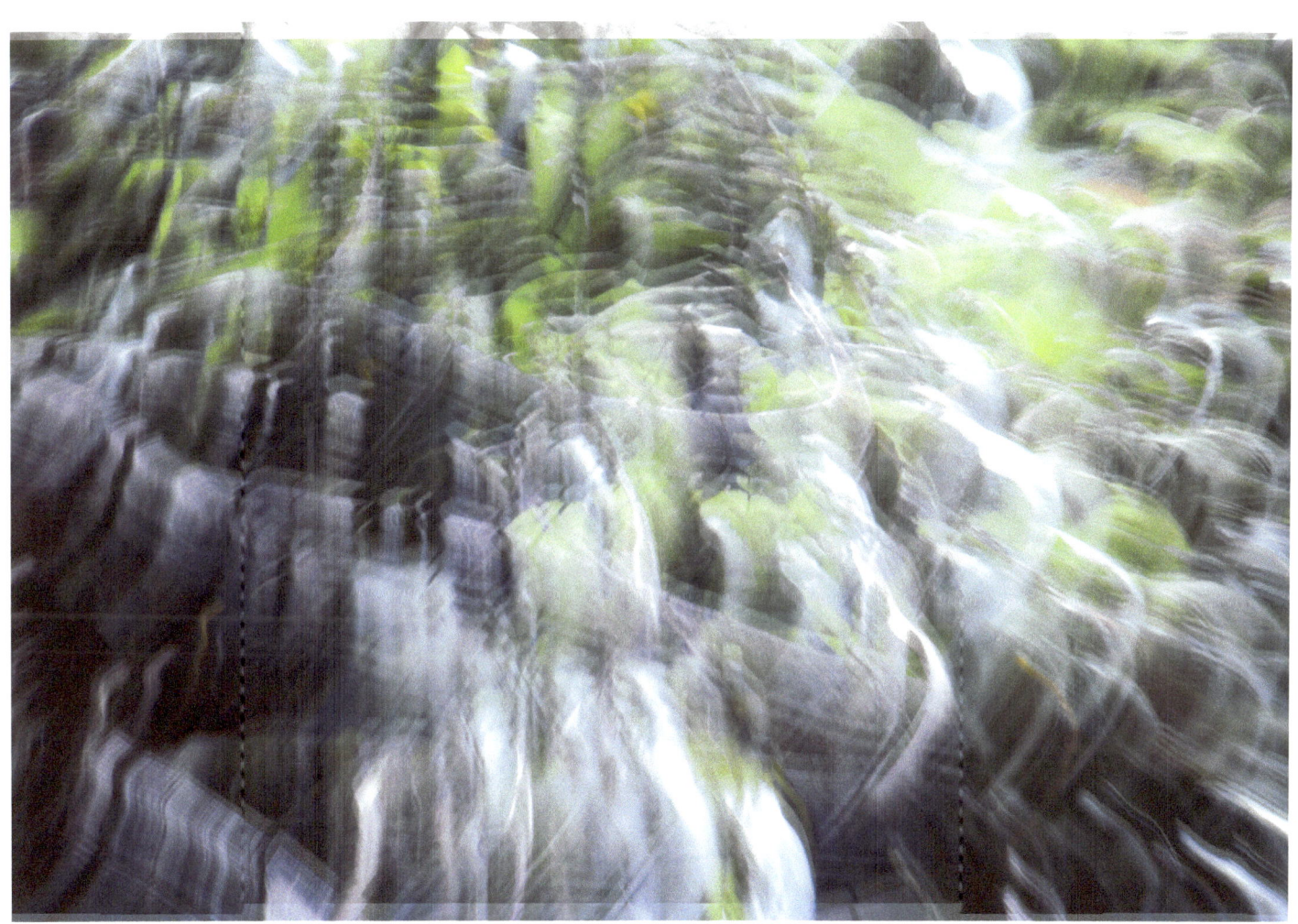

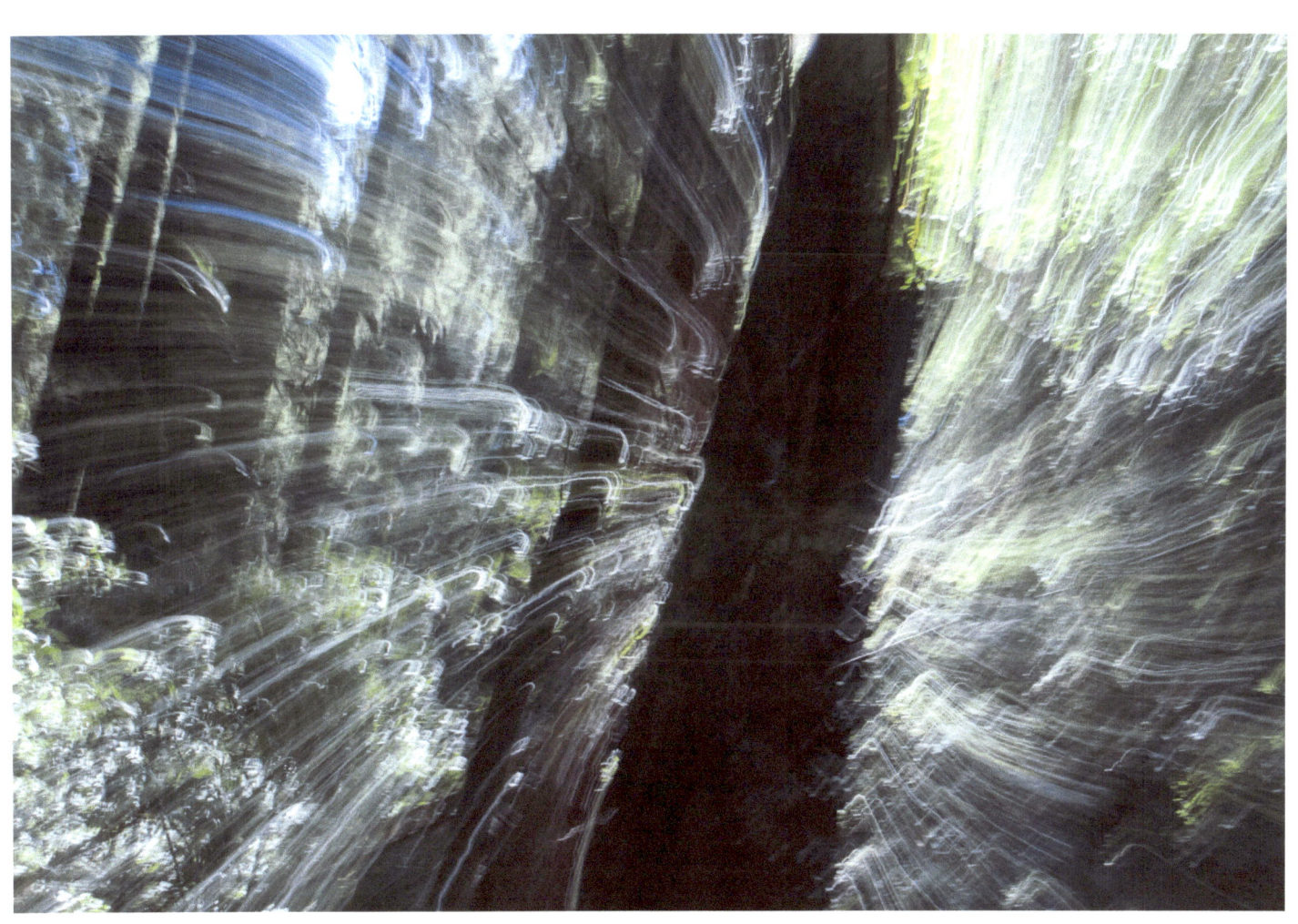

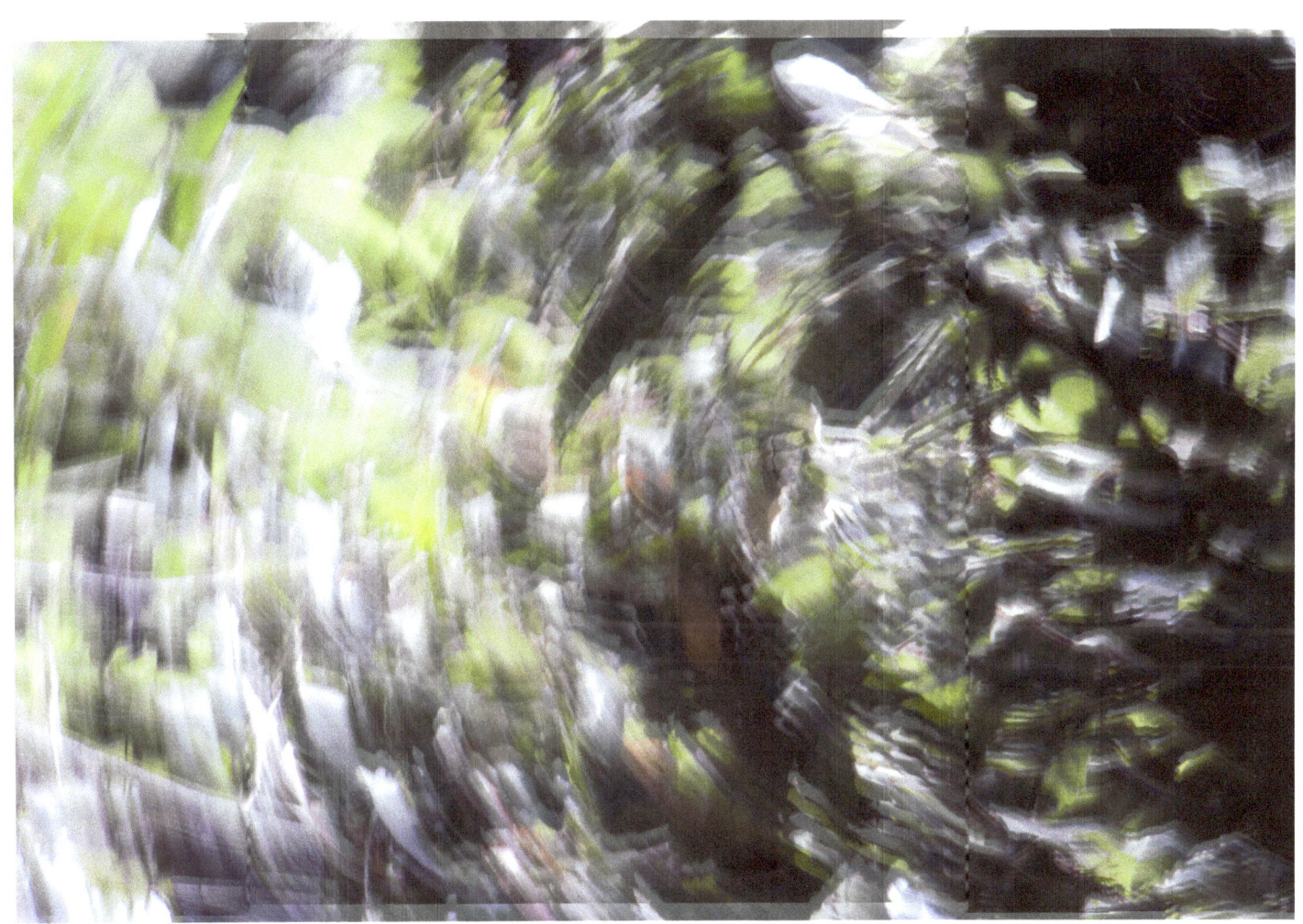

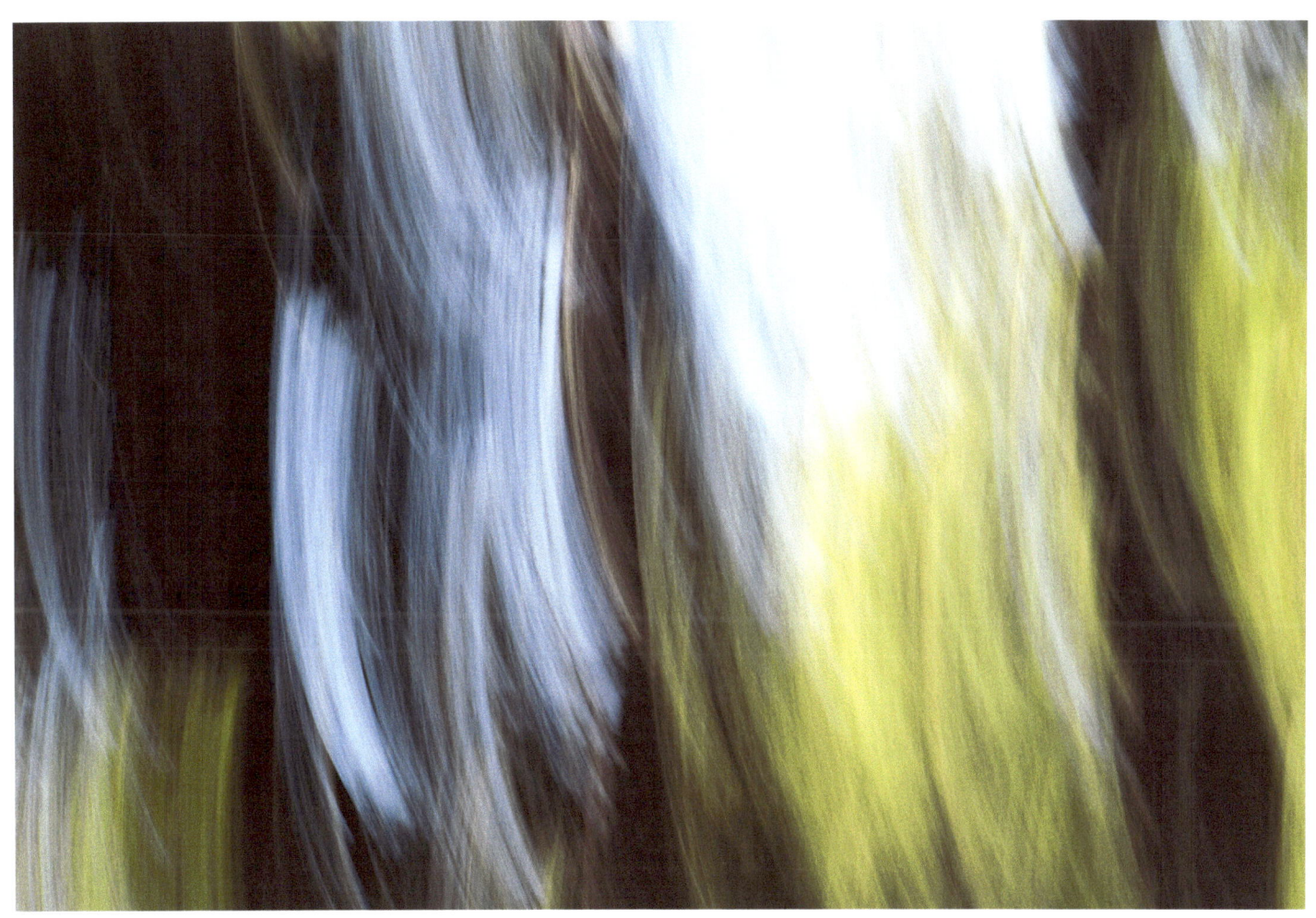

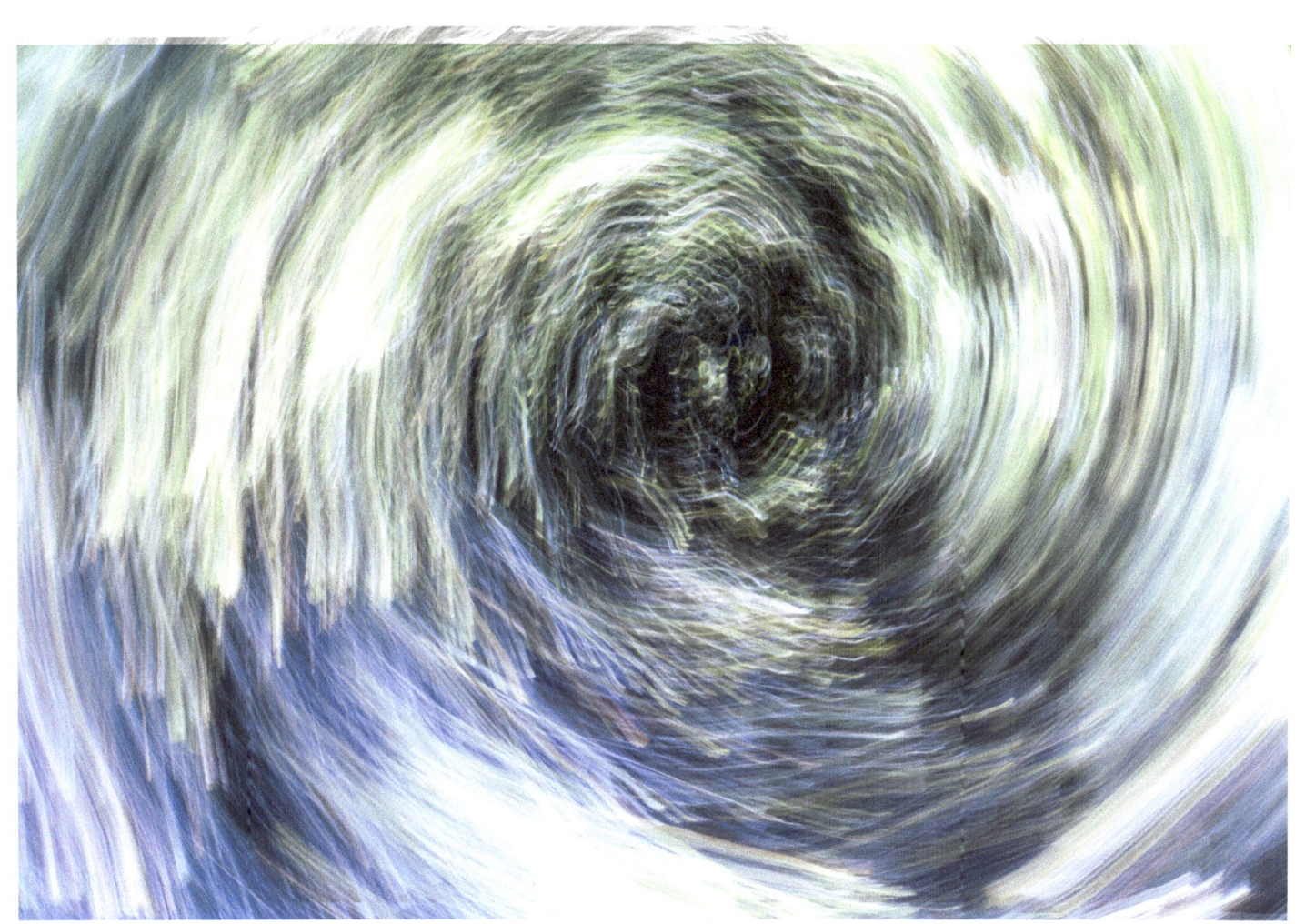

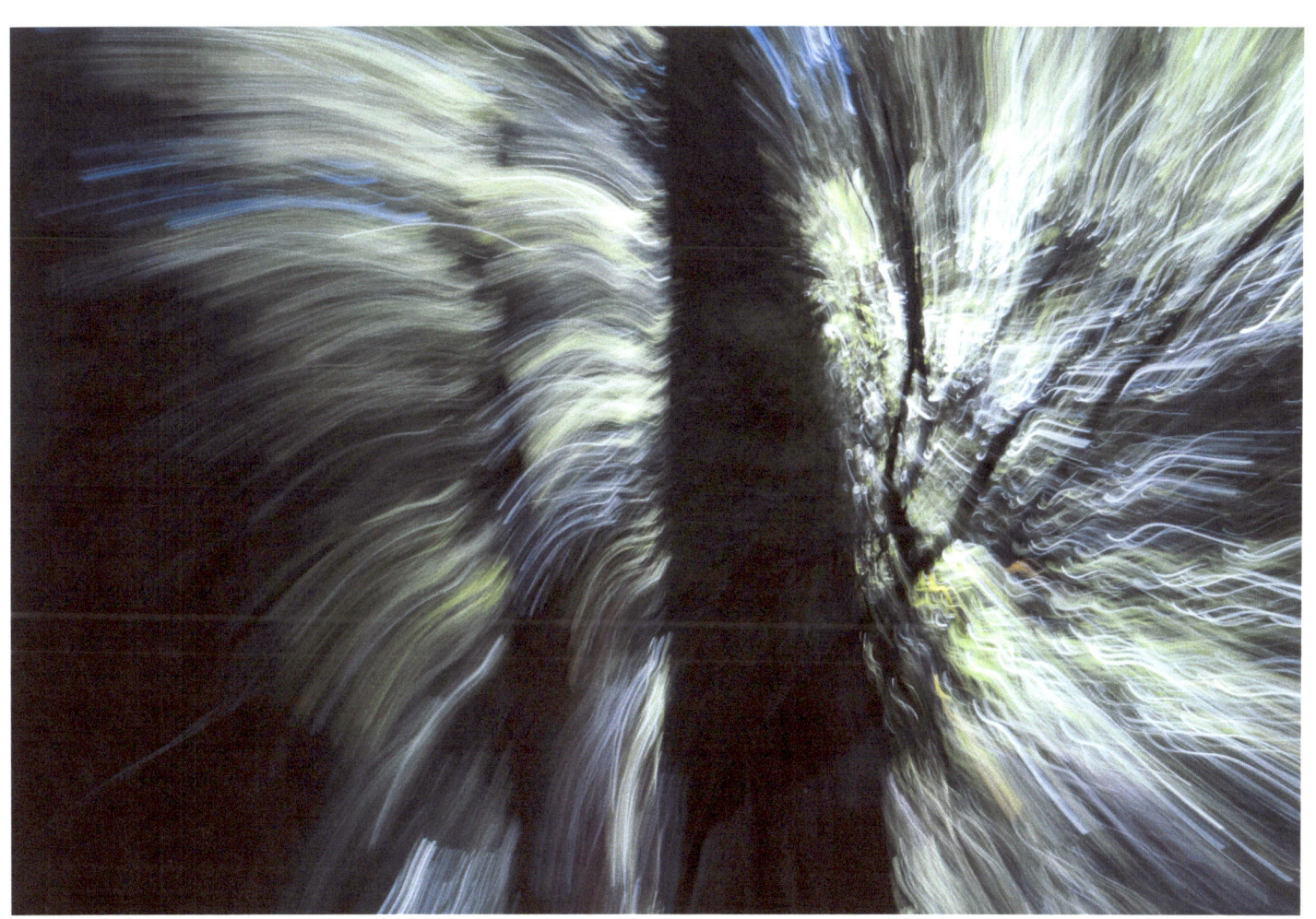

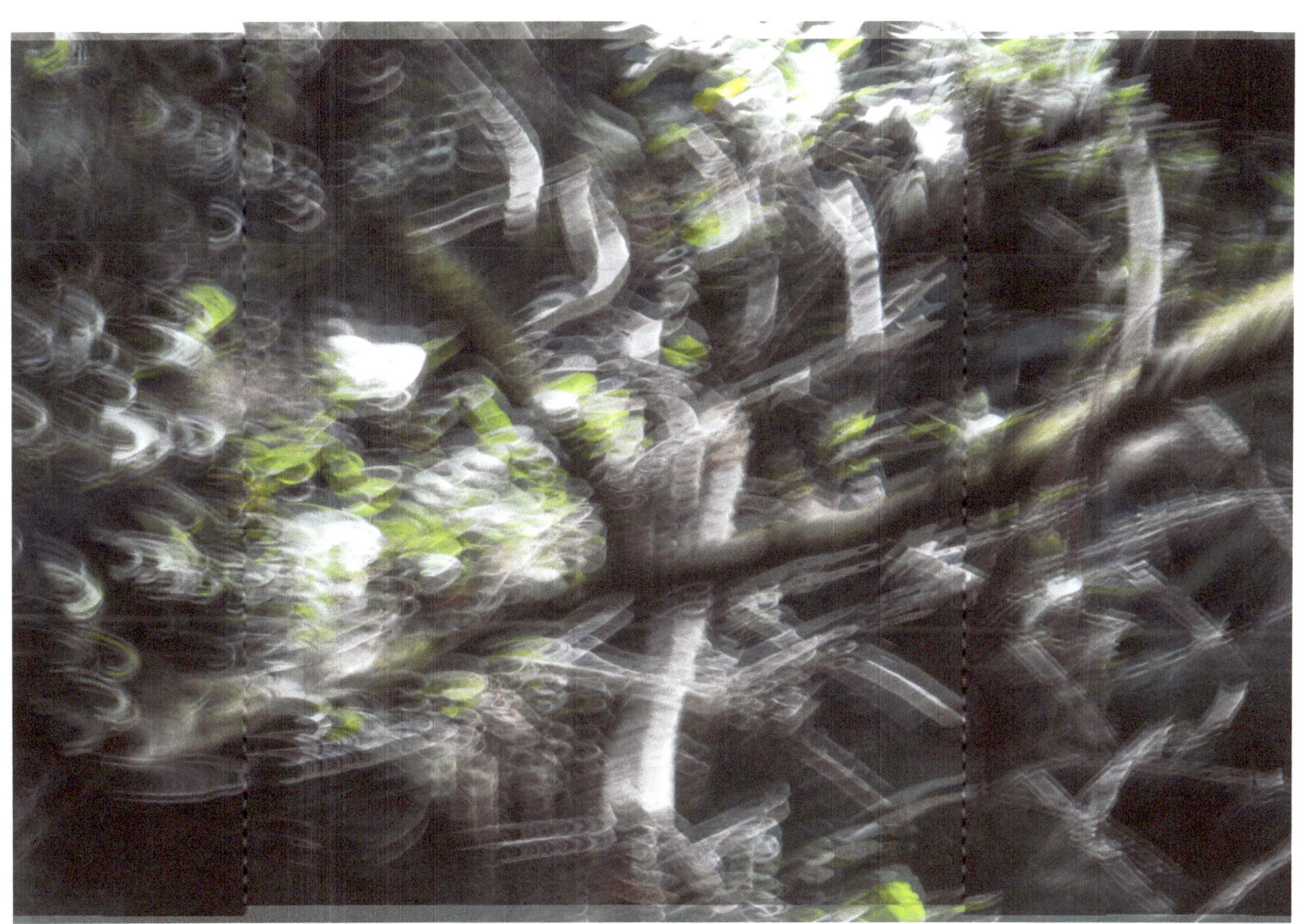

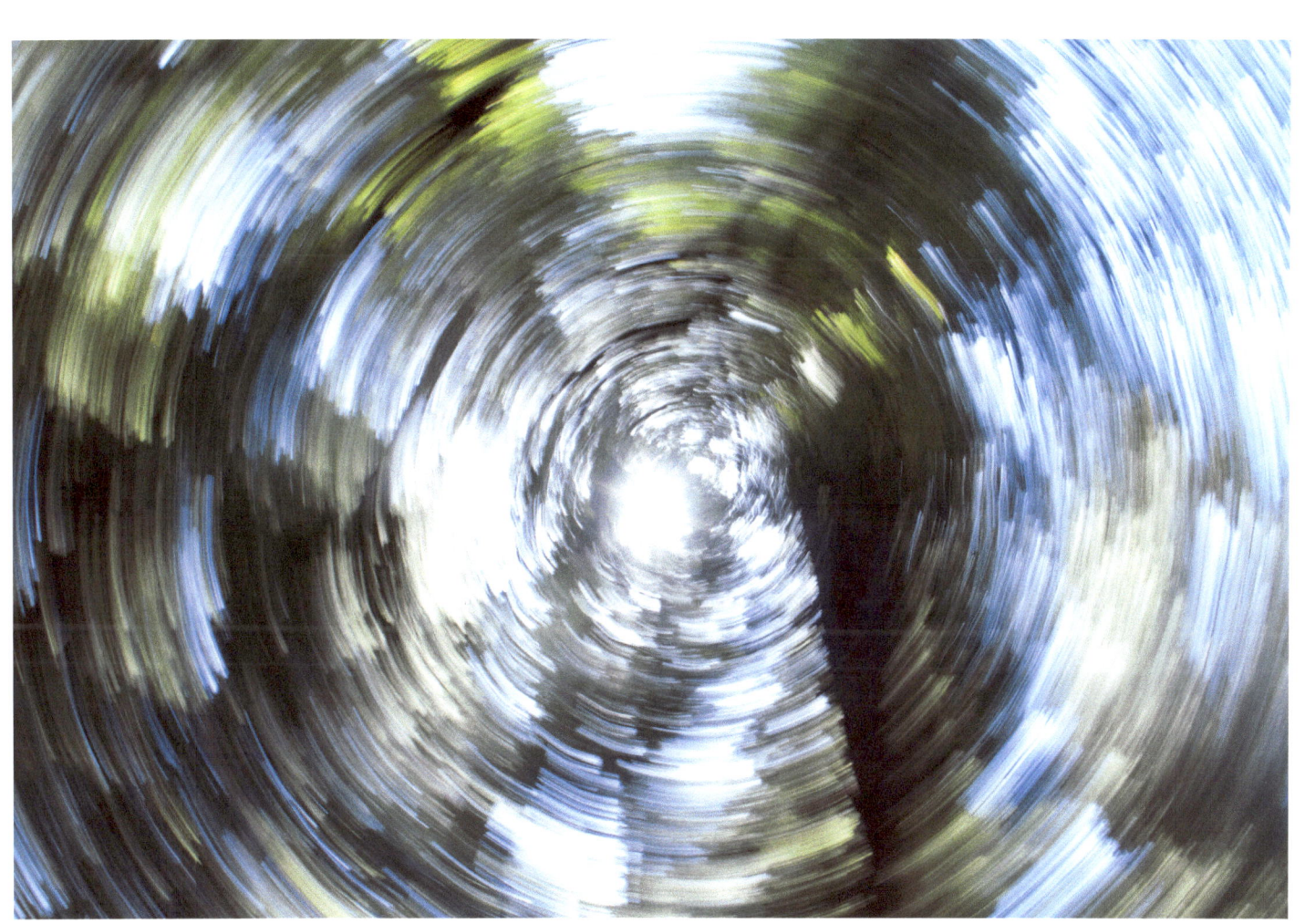

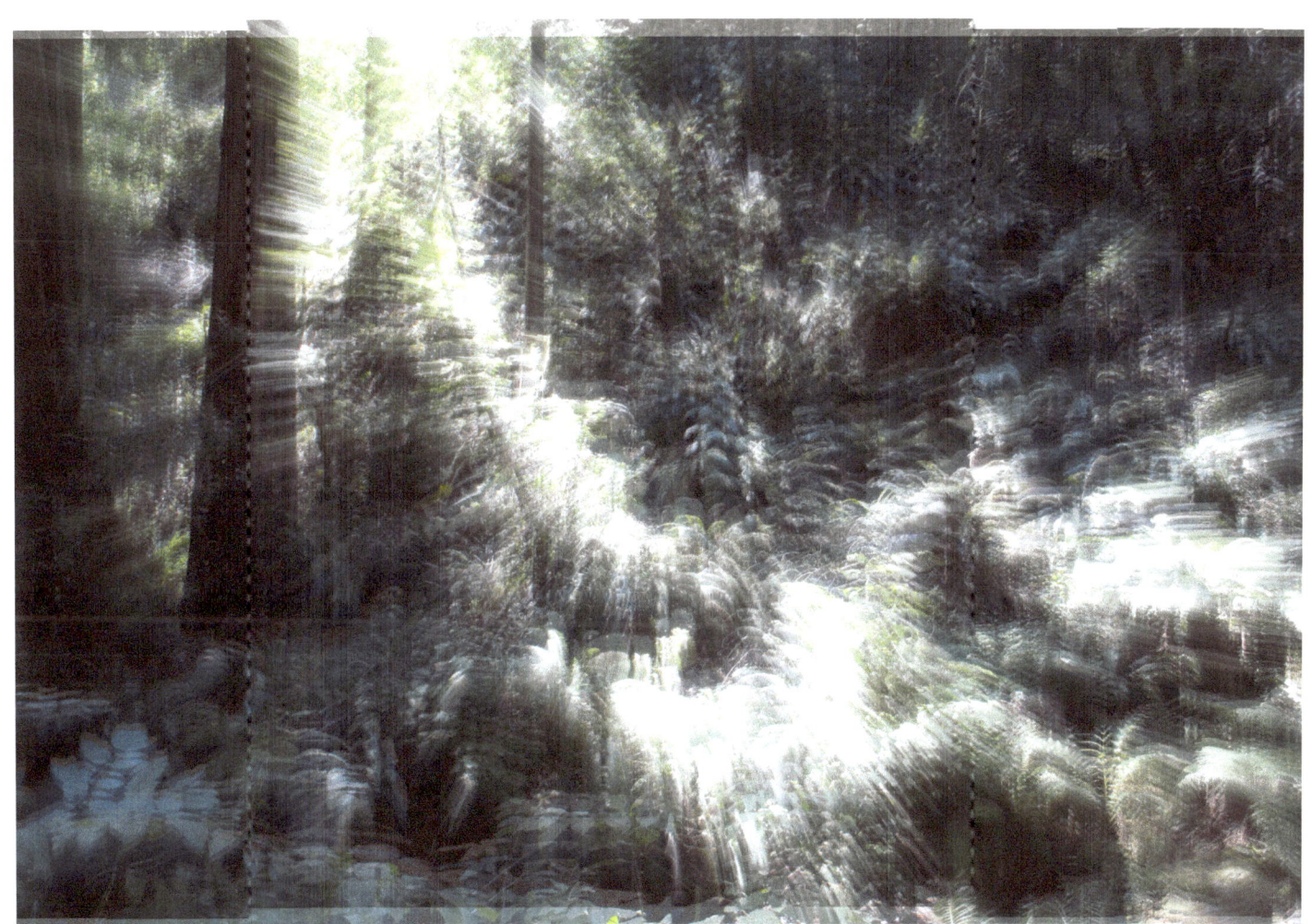

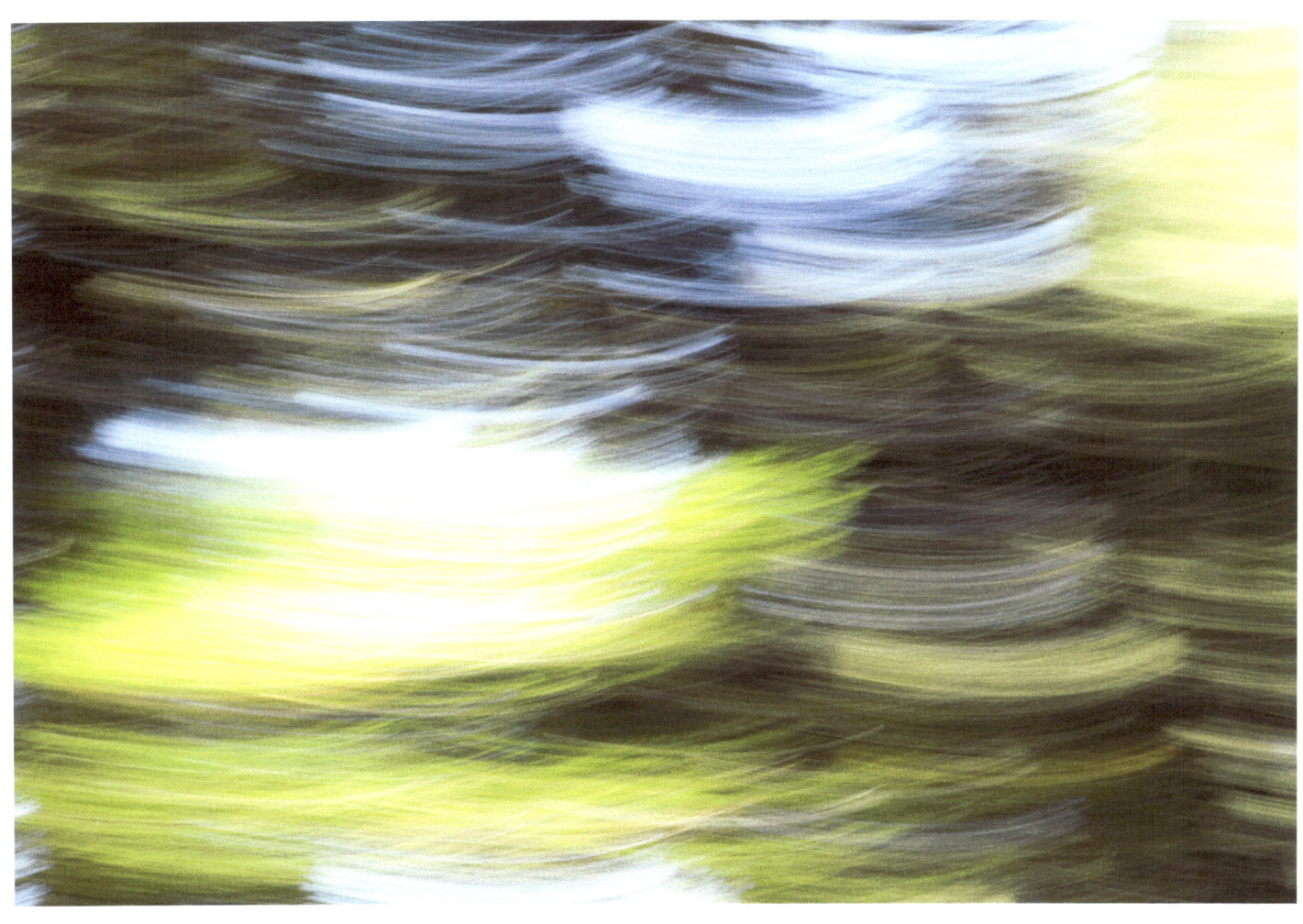

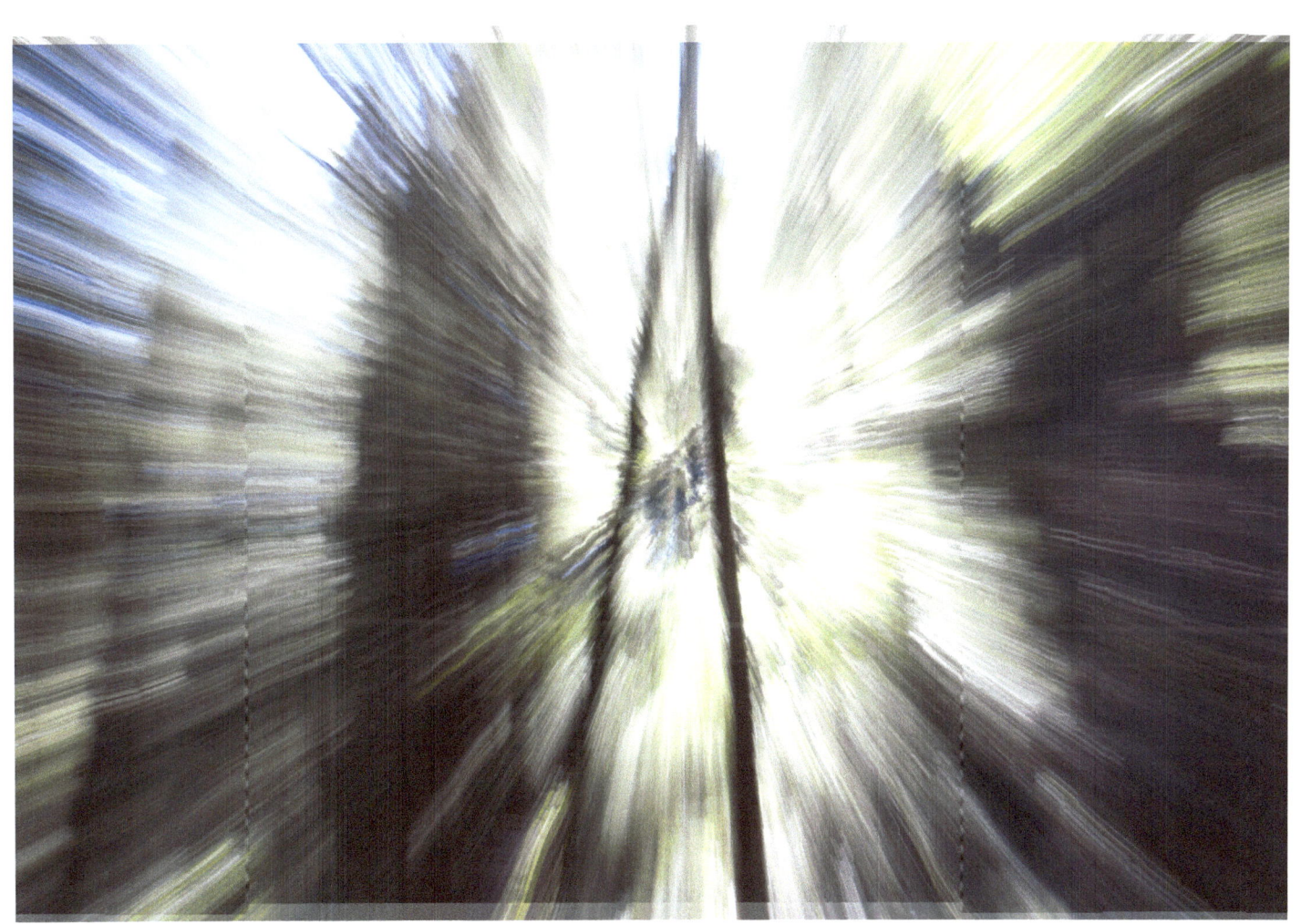

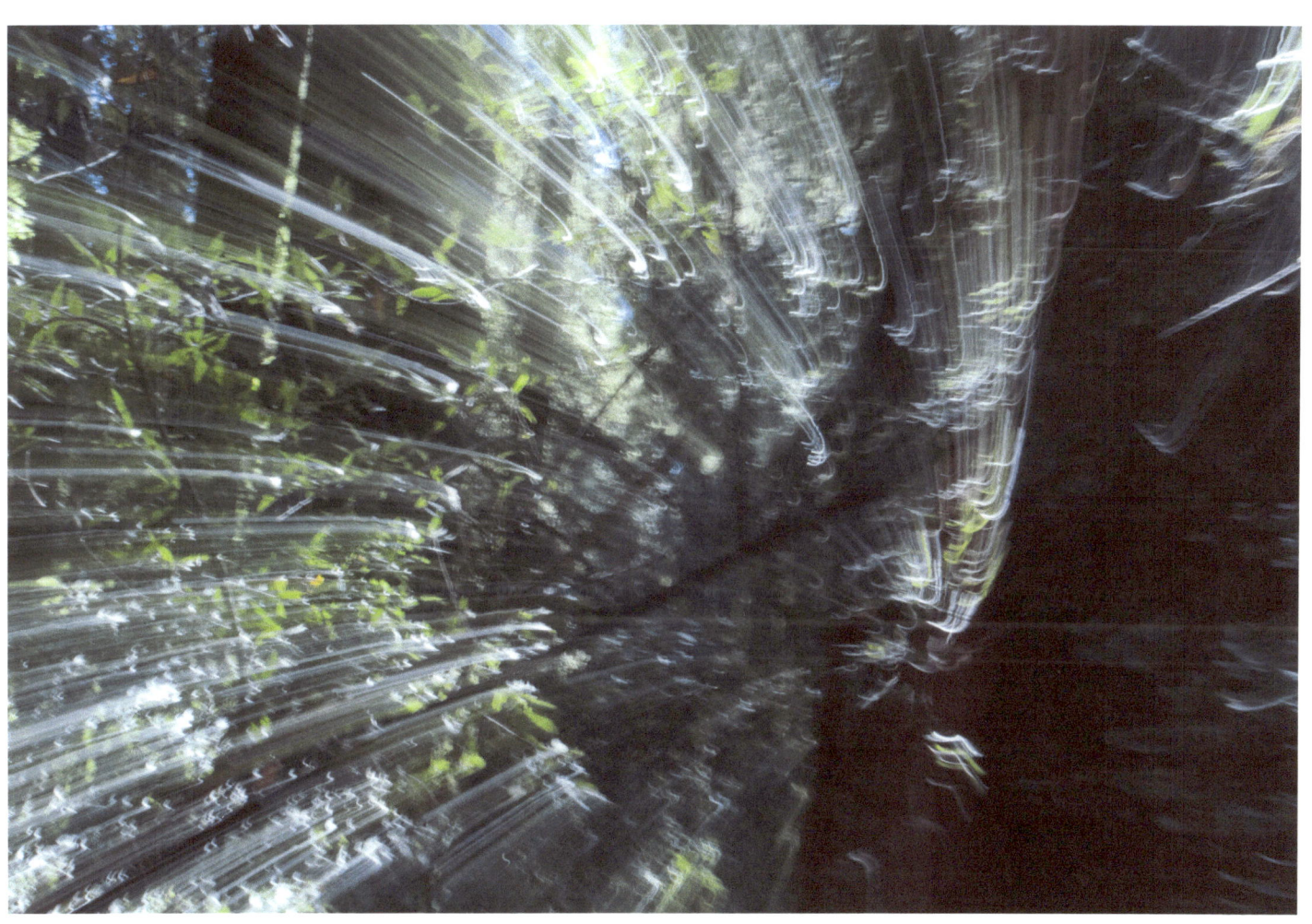

Ces photographies peuvent être achetées en contactant l'artiste. Elles sont disponibles en tirages argentiques limités numérotés de 1 à 3, au format 105 cm x 70 cm. Elles sont livrées avec certificats d'authenticité.

Site de l'artiste : www.ivanhereandnow.com.

These photographs can be bought by contacting the artist. They are available as silver-based limited prints numbered 1 to 3, 105 cm x 70 cm. They are delivered with their authenticity certificates.

Web site of the artist: www.ivanhereandnow.com.

www.ingramcontent.com/pod-product-compliance
Lightning Source LLC
Chambersburg PA
CBHW051915210526
45473CB00006B/2022